救世主トランプ
―― "世界の終末" は起こるか？

GLOBAL ISSUES INSTITUTE 代表取締役 　吉川　圭一

近代消防社 刊

救世主トランプ
——"世界の終末"は起こるか？

目　　次

はじめに ··· 1

第1章　トランプ政権成立の文化的背景
1　トランプ氏の勝利は、人間の勝利だ！ ··· 4
2　自民族優先主義は悪か？ ·· 7
　　——トランプ政権の人事等を巡って…
3　ジャクソン、ケネディそしてトランプ ··· 9
4　シリア攻撃の大義 ·· 12
　　——ウエストファリア体制の崩壊
5　トランプ大統領の「文化防衛論」 ·· 13

第2章　トランプ政権成立の社会的背景
1　中東6か国に対する渡航禁止令と真のテロ対策政策 ····················· 16
2　移民制限は世界を救う ·· 19
3　シャーロッツビル事件の深淵 ·· 23
　　——"多様性"こそはテロの元凶
4　トランプは二大政党を破壊するか？ ·· 26

第3章　トランプ政権を巡る人々(1)　バノンとマーサー
1　コンピュータ文明の矛盾を止揚できるか？ ···································· 33
2　米中激突の予感 ··· 38
3　不死鳥ケンブリッジ・アナリティカ ·· 40
4　欧州で活躍するバノン ·· 44

5　バノン派の逆襲 46
　　　——"アントニウスの演説"、「教皇庁の抜け穴」
　　　　そして「ローマ帝国衰亡史」
　6　中間選挙後のバノン氏を巡る状況 53
　　　——理性と「反理性」の弁証法

第4章　トランプ政権を巡る人々(2) 共和党関係者

　1　2017年7月ワシントンの内戦 55
　　　——トランプ大統領VS共和党主流派
　2　コーン失脚とクドロー登場、サンダースの 58
　　　トランプ支持とミレニアム世代のニーズ
　3　ティラーソン解任とポンペオ登場の意味 63
　　　——北朝鮮よりイラン優先路線
　4　ボルトン国家安全保障担当大統領補佐官とは誰か？ 66
　5　新司法長官とロシア疑惑 69

第5章　トランプ政権の外交(1) 全世界的展開

　1　トランプ・ドクトリン 77
　　　——トランプ大統領初外遊の成功
　2　テロ集団撲滅のため、 80
　　　アフガンに民間軍事会社を派遣せよ！
　3　トランプ大統領の「反理性」主義的（地政学的）外交 83
　4　トランプ大統領国連演説の意義 87
　　　——対イラン戦争は、起こるか？
　5　トランプ大統領の薬物対策演説 91
　　　——共和党が医療保険充実化積極、
　　　　民主党が地球温暖化阻止消極の政党になる日

第6章　トランプ政権の外交⑵　中東と東アジア
　1　ニューヨーク・タイムズがトランプ翼賛新聞になる日 96
　　　──イラン核合意離脱を巡って…
　2　トランプ大統領の手は血で汚れているか？ 98
　　　──エルサレム大使館移設問題を巡って…
　3　米朝会談と日本核武装 101
　4　米中戦争は、いつ起こるか？ 107
　5　ペンス副大統領の対中「第二冷戦」宣言と、その意味 111
　6　米中烈々 114
　　　──G20、ファーウェイ、アフリカ回廊

第7章　2018年中間選挙前後の動向
　1　このままではトランプは中間選挙に敗北する！ 120
　2　オクトーバー・サプライズは起こるか？ 124
　3　イラン、サウジアラビア制裁の陰に潜む諸問題 128
　4　2018年中間選挙は、トランプ大統領の勝利かもしれない 135

第8章　2020年大統領選挙に向かって…
　1　民主、共和両党の分割統治 143
　2　中間選挙後の大幅人事異動と米国の覇権の再編 153
　3　2020年、"世界の終末"は起こるか？ 165
　　　──⑴ 中東戦争は起こるか？
　4　2020年、"世界の終末"は起こるか？ 168
　　　──⑵ 南シナ海戦争は起こるか？

まとめにかえて 177
　──ケント・ギルバート氏講演抄録

おわりに 182

はじめに

　"救世主"という言葉には、この世の大きな問題を解決して人々を救う存在という意味と、この世が悪くなり過ぎたので、リセットのために滅亡させる——即ち"世界の終末"を起こす存在という意味とがある。トランプ氏は"反理性主義"者の部分があるため、この後者の"救世主"になるのではと心配している方も多いと思う。

　しかし理性中心の文明が——グローバル化やインターネットの発達により、それらを使いこなすことが出来るエリートと、そうでない人々の格差拡大などによって——行き詰まりつつあるからこそ、トランプ氏が登場したのではないか。そのような見地から、トランプ政権の今までと今後を考えるべく、この本は書かれた。

　そもそも米英には、理性一辺倒の欧州大陸諸国とは異なる、人間の直観などによる問題解決を重視する特徴があった。そうした文脈からしても、トランプ政権の登場は、決して異常なことではない。

　ただ米英経験論も理性主義的な近代欧州文明との関わりの中で生まれたものである。さらに現代社会は、コンピュータに象徴される究極の理性主義によって動かされている。その中で登場したトランプ氏の思考様式は、単なる反理性主義ではなく、理性主義の限界を突破しようとする"脱理性主義"と評すべきものとも言える。彼への理解が進まないのは、そのためではないか？　このトランプ式"脱理性主義"に関しては「バノンとマーサー」という章で詳述したい。

　だが米英経験論と言っても"脱理性主義"と言っても、それは理性を一旦は経由した思想であるから、神のような「絶対者」を前提としない。一方、トランプ氏を絶対的に支持する福音派を中心とする米国の宗教保守派は、「絶対者」さらには「絶対者」のもたらすリセットとしての"世界の終末"を希求している。

この点に関して私は、次のように考えている。

　キリスト教が欧州文明のものだとすると、アメリカ大陸も日本も異界の地だった。その異界の地でキリスト教が突然変異を起こしたものが、米国における福音派その他の宗教保守派であり、そして日本における芥川龍之介、太宰治、三島由紀夫の文学ではないか？

　米国福音派にしろ、日本の芥川、太宰、三島の文学にしろ、物質世界の存在や理性主義を、人間の純粋精神を抑圧するものとして、否定的に考える傾向がある。だが、それは物質や理性を重んじ過ぎた結果ではないか。米国は物質や理性を英国より重んじる社会である。芥川、太宰、三島にしても、日本の近代化＝物質主義化の過程の中で、理性主義を徹底的に身につけた人々であった。米国福音派の信仰や、芥川、太宰、三島の思想は、理性や物質世界の限界を、米英経験論以上に深く悟ったために出て来たものとも考えられる。

　その観点からすれば、芥川、太宰、三島の最期を、単なる"自殺"と理解するべきではないだろう。一種の「純粋精神」を貫き、物質世界や理性主義の限界を突破して、より高いステージに進んだと理解するべきだろう。そして、それは米国の福音派等が聖書の世界終末の預言を心の底から信じ、リセットとしての"世界の終末"を希求するのと、類似しているのではないか？

　この"米英経験論をも超えた理性主義の克服"という意味で、トランプ氏の"脱理性主義"と、福音派等の宗教保守思想とが、交錯するのではないか？　そのような観点から本書では、思想史の一般的な考え方とは異なり、あえてトランプ流"脱理性主義"と、福音派等の宗教保守思想を、一括して「反理性」主義と表記したい。

　理系志望だった青年時代の私は、極めて理性主義的な人間であった。だが、大病をして医学（理性）的には解消できない後遺症と闘いながら生きて行かざるを得なくなり、そのため「反理性」主義と極めて良く似た考え方をするようになった。そうした境地に私をい

はじめに

ざなったのは、三島由紀夫の文学であった。そのためか私は、米国の福音派等の宗教保守派にも、強い親近感を持っている。

　本書で、私がトランプ氏と彼を支持する福音派等の宗教保守派に関して、非常に肯定的な書き方をした理由も、そこにある。そしてトランプ政権が中東や南シナ海で戦争を仕掛けるタイミングと、それを予想するための考え方を提示したのも、米国福音派的な、そして芥川、太宰、三島的な「"世界終末"への希求」による部分が大きい。

　三島は、"自分の思想は、自分の死後50年後に実現する"と言い残した。三島の死から50年後とは、2020年に当たる。実を言うと、私が"2020年に中東か南シナ海で戦争が起こるのではないか？"と考えるのは、この言葉に触発されたからである。

　「明日、世界が滅びるとしても、私は今日、庭にリンゴの木を植える」という有名な諺がある。"世界終末"は、来るかもしれないし、来ないかもしれない。人間は、自分そして愛する家族や友人が、これからも最低限幸福に生きていくために、今日を生きるしかない。

　トランプ政権によって起こされるかもしれない中東や南シナ海における戦争を始めとする諸々の事態に直面した際、本書が少しでも多くの人々の被害軽減に役立つなら、それはそれで喜ばしい。

　しかし、本書の中で繰り返し触れたように、経済のグローバル化や人工知能の発達の強い副作用は、それと闘おうとするトランプ大統領の努力にもかかわらず、発症の時期を遅らせるだけで、人類社会に対し、重大な悪影響を及ぼして行くだろう。それは悲惨な結果に結びつく可能性が高い。

　つまりトランプ氏の行動にかかわらず、リセット──"世界の終末"は必ず起こる。人類が理性主義や物質世界から解放されて、「純粋精神」に満ちた世界へ立ち返るべき時期は、そう遠い未来ではない。その時における心構えを考える上で、本書が少しでも役に立つならば、これ以上の幸いはないと思う。

第1章
トランプ政権成立の文化的背景

1　トランプ氏の勝利は、人間の勝利だ！

　2016年の米国大統領選挙で、ドナルド・トランプ氏が当選した。それは人間の勝利であった。何に対する勝利か？　それは理性や理性の生み出したハイテク化やグローバル化に対する勝利だった。

　私は直前に松たか子氏主演の『メトロポリス』という舞台を見た。原案の映画とは少し違う部分もあったが、基本的にはハイテクが生み出した人工知能や、それを動かすことの出来る一握りのエリートに、それ以外の普通の人々が一方的に支配され、前者だけが豊かになり、後者は生きていくことも難しい未来世界を描いた作品である。原案の映画は約100年前のものだが、まさに今を予言している。

　ハイテクを駆使してグローバルにビジネスを行うことの出来る人だけが豊かになり、それが出来ない人には仕事も所得も次第に無くなって行く。それが、まさに"今"なのである。そして、そのような世界を作ったのは、レーガンも驚く規制緩和で米国経済を表面上は活性化して見せ、その結果として規制緩和で利益を得た企業等から莫大な献金を貰って来たクリントン夫妻であった。

　このエリートの支配を止めさせるため、『メトロポリス』における女性アンドロイドのように、彼らの一員だったが彼らに反旗を翻し、普通の人間を糾合して反乱を起こしたのが、トランプ氏であった。それは、見事に勝った。

トランプ氏による米国大統領選挙勝利のスピーチ
©VOA Learning English

　『メトロポリス』の最後では、エリート達を倒した代わりに、彼らにより作られ動

第1章　トランプ政権成立の文化的背景

かされていた世界も、一回は大破綻を起こす。同じことがレーガン以上に経験もスタッフも不足しているトランプ氏が大統領になれば、起こるのでは無いかと危惧している人は多い。

しかし、それは悪いことなのだろうか？　そこで大破綻を起こす世界とは、ハイテク化やグローバル化によって、エリートと普通の人との格差拡大を是認する世界なのでは無いか？　金融システムが最も分かり易い例だろう。更に安全保障政策等も、ハイテク兵器の運用等を中心としたシステムは、同じものでしか無いように思う。

もうハイテク兵器を駆使できる高学歴エリートでなければ、一兵卒にもなれない。武士道精神も騎士道精神も西部開拓者精神も何時の間にか忘れられてしまった。それがハイテク等とは相容れない理性的では無いものだからだろうか？

トランプ氏は何度か——特に女性に対する——"差別的発言"で窮地に立たされた。しかし、あの発言を"差別的"と考えるのも、理性主義の立場からだと思う。そのような考え方を突き詰めて行くと、"人間が動物と同じ行為をするのは良く無い"ということになり、人間が生まれて来なくなってしまうでは無いか？

実は、グローバル化やハイテク化が生み出した人工知能等の影響で、人間がいなくなってしまうという現象は、どうやっても止めることは出来ないのではないかと私は思っている。『メトロポリス』の最後も、それを暗示している。多分そうなるだろう。

しかし、皆が最低限諦め納得して子供を産むのを止めて、自然に人間が消え自らが生み出した人工知能等に地球を明け渡すのと、あまりに早い速度でエリート以外の人に仕事も所得も無い状態になって、人々が生きるためにテロ等に走り、世界中が超無秩序なシリア化するのとでは、どちらが良いか？　前者に決まっている。

だが今のままのハイテク化とグローバル化の速度では、早ければ10年か20年で世界中がシリア化する。つまり少子化による人間の

消滅等の意味だとしても、"世界の終末"が起こるしかないのである。それを少しでも遅らせるためにはハイテク化とグローバル化を遅らせるしかない。ハイテクによるビジネスは、グローバルに行わなければ意味がなく、また技術関係の情報交換等が少なくなれば、ハイテク化の速度も遅くなる。

トランプ氏の米国大統領当選もイギリスのＥＵ離脱も、このグローバル化を遅らせることで、人間が自然消滅して人工知能に地球を明け渡せるようになるまで、世界のシリア化を防ぐ意味合いがある。トランプ氏が大統領になることで一部の人が危惧しているような、国際的な経済・金融や安全保障における大破綻が起きるとしても、それは従来型国家の秩序意識が少しでも関係することで、全世界のシリア化よりは悲惨な状況にならないと思う。

敢えて極端なことを言えば、一部の人々が危惧するトランプ氏が米国大統領になることで起きそうな経済・金融や安全保障における破綻が起こった方が、より悲惨な全世界のシリア化を遅らせることが出来るのではないか？　グローバル化さらに背景にある理性中心の文明を、少しでも疎外することによって。

そのような事態を起こすことが、トランプ氏の当選や英国のＥＵ離脱の、真の意義ではないか？　そのような意義を理解しているのは、エリートに疎外された普通の人々の、集団的な無意識かもしれない。それは間違っていないのである。

何れにしても皆が納得して子供を産まなくなり人間が自然消滅して人工知能に地球を明け渡せる状態になるまでは、人工知能の開発やハイテク化それと表裏一体のものであるグローバル化を出来るだけ遅らせるしかない。そのためにも今は、橋を壊して壁を作ることが必要だろう。それを実現しようとしているトランプ氏の当選を、心から祝福したい。

（起筆：2016 年 11 月 9 日）

第1章　トランプ政権成立の文化的背景

2　自民族優先主義は悪か？
——トランプ政権の人事等を巡って…

2016年12月13日、難航していた米国次期国務長官にエクソンモービル社会長ティラーソン氏が選ばれた。彼の主導により同社はロシアとの合弁会社をシベリア等で成功させて来た。そのため彼はプーチン大統領と親しく勲章までもらっている。このような人物に米国の国益を守る外交が出来るのか？——という批判が、民主、共和両党内から出た。だがロシアとの関係改善は、トランプ次期大統領の悲願でもあった。

プーチン大統領と
ティラーソン氏
©Official Internet Resources of the President of Russia

またトランプ氏は、12月2日、台湾の蔡英文総統と電話会談し"米国と台湾の経済、政治、安全保障面での強固な結び付き"を確認したという。また同日にトランプ氏は、フィリピンのドゥテルテ大統領とも電話会談し、同大統領は"トランプ氏は我々の麻薬戦争を良く理解している考えを示した"と述べ、親密さを感じたと語った。

これらのことは通常の外交慣例を逸脱したものという批判も多い。実際、トランプ氏の政権移行チームも、この二人とは電話で祝意を受けたことしか認めていない。

だが従来の慣例を破り新しい秩序を形成することこそが、トランプ氏の真骨頂ではないか？　では、その"新秩序"とは何か？　それを私は、「新・自民族優先主義」と呼びたい。

蔡英文氏もドゥテルテ氏も、自民族優先主義者である。プーチン氏は言うまでもない。トランプ氏本人も選挙中の発言からは、そのように言って良いだろう。

従来の国際政治学で自民族優先主義は、戦争に繋がる危険なものと考えられて来た。確かに20世紀の歴史は、自民族優先主義的政

治家に先導された、ブロック主義的国家同士の戦争の歴史だった。

だが21世紀の人類社会は大きく変わった。加速し過ぎるグローバル化が、各国内従来産業の急速な崩壊による経済的格差拡大と、人の移動促進による伝統的共同体の機能不全を起こしている。それこそが麻薬問題を含むテロの原因である。

台湾の蔡英文総統
©VOA News

このような事態を収拾するには、少なくとも一時的に、自民族優先主義を再評価するべきではないだろうか？　確かに米国は多民族国家なので、その大統領になる人物が自民族（白人）優先主義者だとしたら望ましくない部分もある。だが同時に、米国は白人ピューリタンに築き上げられて来た国家で、未だに白人が多数派である。

フィリピンのドゥテルテ
大統領
©Philippines PCOO

だからトランプ氏は選挙に選ばれて次期大統領に決まった。蔡英文、ドゥテルテ両氏も選挙で選ばれている。プーチン氏でさえが（形式的にでも）選挙で選ばれている。

やはり20世紀までの自民族優先主義者と彼らとは違う。完全な独裁体制を志向してはいない。彼らはグローバル化に不安を持つ一般人の代表として選ばれているのである。

そして協力してグローバル化にブレーキを掛けようとしている。21世紀では自民族優先主義者同士こそが協力できる面もある。

確かにロシアは力を付け過ぎれば西進して来る可能性はある。それもＮＡＴＯ内外での自民族優先主義政権同士の協力で、封殺できると思う。フランスのルペン氏等の当選に、期待したい。

国連やＥＵ本部あるいはウォール街やシリコン・バレーで働くグ

第1章　トランプ政権成立の文化的背景

ローバル化エリート達には、これは困る現象だろう。だが彼らは自らが世界的な経済格差拡大や伝統共同体の破壊を起こしていることが分かっていないのではないか？

そのような人々に次の格言を思い出してもらいたい。「真の世界市民とは、真に自国を愛する者でなければならない。」真に意味あるグローバル化とは、自民族優先主義こそが実現できるだろう。

フランスの
マリーヌ・ルペン氏
©Marie-Lan Nguyen

（起筆：2016年12月4日）

3　ジャクソン、ケネディそしてトランプ

トランプ氏の就任演説への評価を見ていると、リベラル派は、どうしてもトランプ氏が嫌いなようだ。例えばワシントン・ポストは1月20日に配信した"Trump's inaugural speech was a sharp break with past —and his party"の中で"今までの大統領は「大虐殺」、「消却」、「破損」等の言葉を就任演説で使ったことはない。(中略) トランプの演説は保守思想（中略）

大統領就任演説の宣誓を行う
トランプ氏
©Official White House
Facebook page

等を代表するものでさえなかった。"と酷評し、それは"2世紀に渡る大統領就任演説の歴史との絶縁"だったと主張。また"トランプ氏は、JFK（ケネディ）とレーガンの就任演説の影響を受けると数日前に言ったが、彼らの詩的レトリックの影響が、殆どトランプ氏の演説にはなかった。"と批判している。

だが私は、そう思わない。例えばトランプ氏の就任演説の中の"Today

we are not merely transferring power（中略）from one party to another, but we are transferring power from Washington DC, and giving it back to you, the people." は、明らかにＪＦＫの就任演説中の "We observe today not a victory of party, but a celebration of freedom（中略）—signifying renewal, as well as change." と木霊する。両者とも、これは単なる政権交代ではなく、新しい変化の始まりだ——と宣言している。

ジョン・F・ケネディ
第35代米国大統領
©Cecil Stoughton, White House

またトランプ氏が演説の中で強調した "Buy American and hire American."（米国製の商品を買い、米国人を雇え）というフレーズも、ＪＦＫが1962年の対外援助教書の中で再確認した、1933年成立のBuy American法の考え方に基づくと思われる。

この部分を捉えて保守系National Interest は、"これは共産主義とは違う新しい階級問題との対決宣言であり、そういう意味で建国の父祖や冷戦時代の偉大な大統領（例、レーガン）との歴史的断絶は、あって当然である" と述べている。

そしてシューマー上院議員（民主党）の多文化主義擁護演説を、"同性愛問題を人種や宗教の違いの問題と同様に論じて良いのか？" と批判。"シューマーのようなエリートのリベラル派は、全てのバランス感覚等を失った。それはニューヨークやカリフォルニアでは問題ではない場合があっても、ウィスコンシン、オハイオ、ペンシルバニアのような場所では、致命的に重要である。" と述べている。

実際、ヒラリーが一般投票でトランプ氏に300万票勝ったのは、ニューヨークやカリフォルニアの票が中心である。米国の心の故郷というべきCountry Side でのトランプ氏への支持は強かった。ト

第1章　トランプ政権成立の文化的背景

ランプ氏の就任式を欠席した議員は、数名の例外を除いては、ヒラリーが大勝した地区選出の議員ばかりである。

さてヘリテージ財団が1月19日に配信した "Here's How America's First Outsider President Set a Precedent for Inaugurations" の中で、この度の就任式を第7代ジャクソン大統領の就任式と重ね合わせている。というか約1年前から一部の米国政治専門家の間で、トランプ氏とジャクソン大統領は比較されていた。

中西部出身のジャクソン氏は文盲に近く、決闘で人を殺し、北米原住民大虐殺等にも関係した。彼が当選した時、全米は震撼した。

アンドリュー・ジャクソン
第7代米国大統領
原典：Paul Boyer et. al. The Enduring Vision. Houghton Mifflin: Boston et. al., 2000, 272.

だが有力な官僚は大統領が任命する制度等は、ジャクソンの時代に作られ、米国民主政治の礎を作った。広義の保護主義的政策を行い、貿易的利益より国家の独立を優先させた。

まさにトランプ氏を彷彿とさせる。そして先述の62年対外援助教書やキューバ危機への対処を見れば、ＪＦＫにも官僚に頼らず場合によっては保護主義的という意味で似た面もある。

そもそも "Make America Great" とはＪＦＫの後継者リンドン・ジョンソンも使った標語だった。ここでいう「Great America」とは、ＪＦＫの残したコンピュータ管理を駆使し、福祉や社会的インフラの整った国を意味していた。

それはトランプ氏が就任演説の中で最も力説しているものなのである！　まさに National Interest が主張する "新しい階級問題との闘い" が、いま始まろうとしているのである。

（起筆：2017年1月24日）

4　シリア攻撃の大義
　　──ウエストファリア体制の崩壊

　2018年4月14日の米英仏によるシリア攻撃に対し、国際法の専門家から次のような異議も出ている。国連安保理等による容認決議もなく、米英仏に対する急迫不正の攻撃でもない。にもかかわらず、あの攻撃が行われたことは、いかに今のシリア情勢が人道的に非常な問題だとしても、国連憲章ないし今までに積み重ねられた国際法秩序を破壊するものなのではないか？

　では、国連憲章や積み重ねられた国際法秩序が正しいのか？　その根拠は1648年に成立したウエストファリア条約──つまり理性に基づいて運営される近代国家同士の約束としての国際法には強い拘束力があるという前提がある。

ウェストファリア条約、
三十年戦争講和条約
©Gerard ter Borch

　では、その近代国家の現状は、どうか？　所謂グローバル化と人工知能やインターネットのようなハイテクの発展のために、融解しつつあるのではないか？

　所謂リベラル思想は、理性で人類が理想社会を自ら築けるというものだ。ハイテクもグローバル化も国際法も、この発想に基づく。

　この発想は、正しかったのだろうか？　理性の生み出した人工知能によるグローバルな国際金融に対する疑いが、リーマン危機を契機にして生じたのではないか。

　そして、リーマン危機を契機として、リベラル思想＝理性中心の思想の誤りに気づき、その反対方向に敢えて向かったのが、トランプ氏や彼周辺の人々ではなかったか？〈第3章第1節参照〉

第1章　トランプ政権成立の文化的背景

　彼らのリーマン危機以降の思想とは、グローバルに何かを動かし、それをハイテクで輔弼する行き方に対し、ピューリタン的な労働こそが神への祈りであるという思想の復活と考えて良いだろう。そのような価値観を取り戻すために、彼らは戦っている。つまりグローバル化により崩壊しつつあるウエストファリア的近代国家が成立する以前の、民族や宗教が中心の世界である。

　と言うことは、この新しい世界では、近代国家の約束事としての国際法も国連憲章も、全く無意味なのである。つまりホッブスの原点に戻り、"万人が万人の敵である"状況を是認するしかない。

　そうなれば"強い者が正しい"という考え方に回帰せざるを得ない。この観点から見ると、シリアへの米英仏の攻撃は、化学兵器が自国に使われる危険を排除するための当然の行動だったことになる。

　繰り返すが、人類の社会はハイテク化やグローバル化の結果として、近代国家が融解し、その相互の約束としての国際法等の秩序も崩壊したのである。そのような世界では民族と宗教が全てである。

　その世界で日本民族が生き残るには、憲法第9条の破棄と軍事予算の倍増以外にはない。それが実現されることを祈って止まない。

（起筆：2018年4月20日）

5　トランプ大統領の「文化防衛論」

　2018年6月中旬よりメキシコ国境での不法移民親子の引き離しが米国で問題化した。この問題を考えている内にトランプ政権を成立させた思想と三島由紀夫の「文化防衛論」との共通性に気付いた。つまり精神的、文化的"共同体"の防衛である。

　この「親子引き離し」問題に関しては、トランプ政権の不寛容政策のために極端になっている部分は否定できないが、不法移民の親が裁判中は子供を米国保健福祉省が預かるというのは、クリントン、オバマ政権が決めたものである。2018年は極端な状態が起きて政

治問題化したため、トランプ大統領は応急処置の一環として、不法移民親子を軍事基地に収容するように命じた。これも実はオバマ政権でも1回は行われた政策なのだが、その時の収容人数は7,000人だった。2018年は2万人以上の収容が必要だという。つまりオバマ時代における最悪の年の3倍もの不法移民が、米国に殺到したのである。

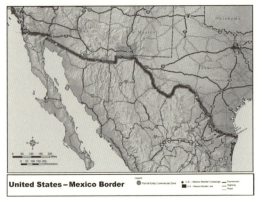

米国とメキシコの国境線
©U.S. Federal government

これは白人プロテスタントの共同体としての米国の危機と言わねばならない。実際、米国の保守派の間では、カトリック教団が「親子引き離し」問題等に批判的なのは、カトリック系が多い南米系移民を増やすことで、米国でのカトリックの影響力を増そうとする陰謀との意見が広まっている。そのためかトランプ大統領の前戦略顧問のバノン氏が、彼自身カトリック教徒にも関わらず、保守派枢機卿等と協力してフランシスコ教皇を退位に追い込もうとしているという噂も流れている。〈第3章第5節参照〉

これは『英霊の声』で三島由紀夫が、左翼以上に厳しい昭和天皇批判を行ったことを思わせる。他にもフランシスコ教皇はＬＧＢＴに寛容な発言を行う等、宗教者失格である。バノン氏を応

フランシスコ
第266代ローマ教皇
©Chief Petty Officer Nick Ameen

第1章　トランプ政権成立の文化的背景

援したい。

ただ、カトリックだけではなく、共和党支持の宗教保守派の一部にも、「親子引き離し」には批判的な宗教者がいるという。宗教といえども精神的、文化的"共同体"の同一性が保たれて初めて成立する。

宗教だけではない。人権も同様である。

国連人権理事会が同問題に関して批判した翌日、米国は同理事会を脱退している。表面上はパレスティナ問題が主要因であるが…。

人権も理性主義の見地から精神的、文化的"共同体"を破壊するものになっているのではないか？　人権も精神的、文化的"共同体"同一性保持の範囲内でのみ成立すると考えるべきだろう。

また国際機関等も、グローバル化や理性主義の見地から、精神的、文化的"共同体"を破壊するものになっている。日本も国連人権理事会等を、脱退するくらいで良いだろう。

米国の国連人権理事会脱退から数日後、難民に寛容だったEUも、政策転換を表明。世界は国際主義的見地による移民、難民に寛容な方向から、精神的、文化的"共同体"防衛論の方向にシフトしつつある。

ジュネーブにある国連人権理事会の本議場、人権および文明の同盟会議室
(The Human Rights and Alliance of Civilizations Room)
©Ludovic Courtès

この流れを日本人も理解し促進しなければならない。安易な人権主義的見地から移民、難民の保護等を考えるべきではない。突き放す良い意味の冷酷さを、日本人も身に着けるべき時だろう。

（起筆：2018年7月29日）

第2章
トランプ政権成立の社会的背景

1　中東6か国に対する渡航禁止令と真のテロ対策政策

　2017年3月6日にトランプ大統領の出した幾つかのイスラムの国々からの米国への渡航禁止令に対し、ハワイとメリーランドの連邦地裁は、一時的な停止命令を出した。この問題に関して米国メディアの報道を中心に考えてみよう。

　まずトランプ大統領の直系メディアとも言うべきBreitbartは、3月17日に配信した"Limbaugh: 'We Are on the Verge of a Genuine Constitutional Crisis'"の中で、保守派のラジオ・ショーのホストであるリンボー三世の発言として"これは大統領令に対抗する先例を作って、今後も大統領権限が制限され続けることが予測できる"と語っている。"これは法律上の問題ではない。きっとトランプが就任される前から実行されていた反トランプの「静かなクーデター」だろう。このようにハワイのような小さな州の連邦地裁が停止を命じる仮処分を決定したことを、最高裁判所が取り下げることをしない、またはトランプがジャクソン大統領（が最高裁の合憲判断を無視して第二合衆国銀行を色々な政策で潰した：吉川補足）のように徹底的に無視をしない限り、我が国の大統領は国を守るための憲法上の権限を有すことが出来なくなる"と述べている。

　また保守系ヘリテージ財団が3月16日に配信した"What 2 Obama Judges Got Wrong in Striking Down Travel Executive Order"の中でも、"今回の決定を下した連邦地裁の判事はオバマによって任命された人々で、意図的に純然たるテロ対策のための大統領令を宗教的差別にすり替えている"と批判している。

　これら（特にBreitbartの場合）は、トランプ氏周辺に独特の陰

第2章　トランプ政権成立の社会的背景

謀論的解釈であり過ぎるかもしれない。

しかし保守系と言われるシカゴ・トリビューンでさえが、3月18日に配信した"Trump administration's rhetoric about Islam is key in travel ban rulings"の中で"トランプ政権のイスラム恐怖を増幅させるレトリックが、渡航禁止令への批判を強まらせている。ハワイとメリーランドの連邦地裁が、執行差し止めの仮処分を言い渡したが、両州ともこの渡航禁止令は国家安全保障、テロ対策を考慮した大統領令ではなく、イスラム恐怖症を表明するためのトランプ政権の戦略だと抗議している。1952年の移民国籍法では有害と見なす外国人に入国停止を命じる権限が与えられているが、宗教や人種を理由に入国禁止を命じる権限は与えられていないので、この渡航禁止令は行き詰まりを見せている。"と述べている。

ところが、逆にリベラル派の筈のNew Yorkerが3月17日に配信した"THE COURTS AND PRESIDENT TRUMP'S WORDS"の中で"トランプの選挙中に見られた荒々しい反イスラムのレトリックを、就任後に署名する大統領令に反映させ、国土安保省長官や司法長官が「渡航禁止令はイスラム恐怖症の産物ではなく、国家安全保障を強めるために必要な命令だ」と言っているにも関わらず、トランプが命じるものはすべて反イスラムの大統領令だと決めつけるのは、間違ってはいないか。"とも述べている。

私は"今はグローバル化の副作用が強く出すぎているので、それを緩和するためにも、自民族優先主義を再評価するべきだ"と述べて来た。その観点からしてもトランプ氏や周辺の人々の反イスラム的な思想や発言は、悪いことではない。

また幾つかのイスラムの国々からの渡航禁止は、トランプ氏の公約でもあ

米国国土安全保障省
（著者撮影）

17

る。少しでも実現しようとするのは、当然だろう。

また、ワシントンでトランプ大統領の渡航禁止令のテロ対策としての有効性に疑問を生じさせるような情報が、国土安全保障省や司法省からリークされたり、トランプ陣営の選挙にロシアが協力した疑惑に関する捜査が始まったりと、オバマの残した官僚等がトランプ政権を、弱体化させようとしていることは確かだろう。

バラク・オバマ
第44代米国大統領
©Pete Souza（Chief Official White House Photographer）

それを考えてもトランプ氏は、裁判所の判決等に惑わされず、大統領の権限を駆使して、今の行き方を貫いて欲しい。

しかし純粋なテロ対策政策として考える時、米国に入国する人にはSNSパスワードを提出させることの方が、重要ではないか？幾つかのイスラムの国々からの入国の一時的制限は、それを促進する手段とも思われる。そうであれば別の手段も色々ある筈である。

最終的には移民だけではなく全米国民のSNSパスワードを米国の社会保険番号と関係付けられれば、これは究極的なテロ対策になる。むしろ"急がば回れ"で、そちらを先に進めるべきではないか？

SNSパスワードが分かれば誰と繋がって何を発言しているかだけではない。当該SNSのシステム内に入って、その人物に関するビッグ・データを活用し、思想・信条からテロに使えそうな情報等を集めていないか等まで調べることも可能で究極のテロ対策である。

東京2020大会を目指して日本も、このような国民のマイナンバーとSNSパスワードを関連付けるような政策に、力を入れるべきだろう。〈注：この件に関しては、私の"テロ対策3部作"に詳しい〉

（起筆：2017年3月22日）

第2章　トランプ政権成立の社会的背景

2　移民制限は世界を救う

　2017年8月2日、トランプ大統領は二人の共和党上院議員と共に記者会見し、これからの新しい移民政策に関して、彼らが提案したものを支持した。その内容は…、

1．既に高い技術を身につけた人を選んで移民を認める。
2．既に一定の英語力を持っている人を選んで移民を認める。
3．これによって今は年間100万人に出している永住権を年間50万人にまで削減する。

　こうして2016年大統領選挙でトランプ氏を支持した貧しい白人の職を奪う安価な移民労働を減らすことで、米国民の生活を守り、かつ高度技術によって米国の国際競争力も高めるという。これはカナダやオーストラリアが既に採用しているものをモデルにし「メリット・ベース」の移民政策とも呼ばれる。

　この案に関しては、共和党内からも反対意見は多い。

　例えば、The Hill が8月3日に配信した"Immigration battle brewing in the GOP"の中では、トランプ大統領のイメージの下で、このような政策を進めようとすると、選挙に悪影響が出るのではないかという心配もあるという。同様の共和党内部対立に関して報じた Roll Call の "Trump Backs GOP Immigration Bill, but Rift Within Party Widens"では、2016年は6割の米国民が"移民を減らして欲しい"と考えていたのが、今は48％であるという。

　実際、ワシントン・タイムズが8月2日に配信した"Trump endorses merit-based system that would cut legal immigration by half"の中で、民主党のペロシ下院院内総務は、この案を"憎しみに満ちたものであり、移民権利団体等が厳しく反対するだろう"と述べている。

　しかし、同記事の中でも、2007年に今回のものと少しでも似た移民関係の法案が提出された時、最終的には有効にならなかったが、

民主党からも賛成議員が出ているという。同記事によれば、米国民の内、移民を増加して欲しい人は約20%、現状維持が40%、減らして欲しいが40%。どちらの記事の数字を見ても趨勢は兎も角、米国民の4割から半数が、移民の削減を望んでいる。

何れにしても上記の幾つかの記事の中でも、複数の有力な共和党上院議員等が、このような案が通れば安価な移民労働が少なくなり、自らの選出州の経済が大打撃を受けると言って反対している。

だが、トランプ大統領支持のメディアBreitbartが8月2日に配信した"RAISE Act Is First Serious Attempt to Reduce Immigration In Generations"によれば、1965年の移民法改革までは、年間の移民は今の5分の1の20万人。その後に今の年間100万人ペースになった。このままでは2060年には米国民の2割以上が、外国生まれになる。またPoliticoが8月4日に配信した"Why Trump's New Immigration Bill Makes Sense"では、100万人の内15%のみが、技術を身につけた仕事関係移民であり、3分の2以上が、既に米国にいる移民に呼び寄せられた親戚等だという。

これが人口増加の原因ではない筈がない。実は米国の白人は、白人系移民を除けば、日本並みに少子化している。良い生活をしている人は、その生活を守るために子供を多く産むことを好まない。黒人やヒスパニック系も、白人と同様な生活が出来るようになったり、貧しい人は生活保護等を削減されれば、出生率は低下する。黒人人口も、今世紀に入ってから12%程度で頭打ちになっている。

カトリック信者が多いヒスパニック系でさえ、良い生活の出来る人が増えたためか、出生率は低下しているのである！

黒人やヒスパニック系も含めて、移民を制限すれば、米国も少子化国家になる可能性はある。

さてワシントン・ポストが8月5日に配信した"Rise of the machines"では、ロボットの精密化と価格低下により、トランプ

第 2 章　トランプ政権成立の社会的背景

2000 年と 2010 年の米国における白人と黒人の人口と全体に占める比率

	2000年		2010年	
	人口（人）	比率(%)	人口（人）	比率(%)
全体	281,421,906	100.0	308,745,538	100.0
白人	211,460,626	75.1	223,553,265	72.4
黒人	34,658,190	12.3	38,929,319	12.6

("2010 Census Briefs" - https://www.census.gov/prod/cen2010/briefs/c2010br-02.pdf より一部を加工）

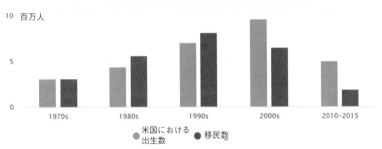

ヒスパニック系の米国における出生数と移民数の推移

（Pew Research Center "Facts on U.S. Latinos, 2015" - http://www.pewhispanic.org/2017/09/18/facts-on-u-s-latinos/#growth-sources より一部を抜粋）

氏が 2016 年の選挙で数十年ぶりに民主党から奪回したウイスコンシン州の工場で、次第に人間の労働力が不要になって行く現状が紹介されている。

　このような趨勢は、高度技術者が増えれば、加速度が付く。ある統計では、2022 年には早ければ従来型の工場では、人間の労働者は要らなくなるとも言われている。それは大袈裟な数字かもしれないが、米国も人口減少社会になった方が、長い目では職がなくて困窮する人が少なくて済むため、社会の混乱も少ないだろう。

ところでトランプ大統領が再選されるとしたら、二期目はロボット等のハイテク重視の産業政策に方針転換するかもしれない。今回の新移民政策も、それを暗示しているようにも思える。それまでに、この政策により社会に影響が出ているかは、難しいと思うが…。

そのような方針転換をしたとしても、トランプ氏の"裏切り"等と言うのは間違っていると思う。トランプ氏自身に、そのような深い思索があるかは別として、トランプ氏は先に述べた"人間からロボットへ"という歴史的転換点で、少しでもロボットに取って代わられる人間の痛みを和らげる役割を、歴史に担わされている。

そして、この趨勢は世界に広がって行く。途上国も含めて全世界が、少子化社会になることが望ましいのである。

豊かな国への移民や輸出の道を閉ざされて貧しさの中で諦めざるを得ない人々。逆にハイテク化の波に乗って豊かな国への移民や輸出で豊かになれる人。そのような人々は、米国の貧しいマイノリティや、マイノリティだが白人と同じ豊かな生活が出来るようになった人々さらには伝統的な白人同様に、少子化する可能性も低くない。

つまり今回の移民政策も含めて、トランプ氏の諸政策は、ロボットと人間の均衡が取れるよう、人口を削減するためになる。それは行き過ぎて人類がいなくなってしまうかもしれない。逆に人口削減の速度が不十分なため均衡が取れず、大規模なテロや戦争が幾つも起きるかもしれない。だが、それはトランプ氏の責任でも米国の責任でもない。起こるべくして起こる"世界の終末"なのである。

(起筆:2017年8月9日)

3 シャーロッツビル事件の深淵
——"多様性"こそはテロの元凶

2017年8月12日に米国のバージニア州シャーロッツビルで起こった南北戦争の記念碑撤去を巡る反対派と賛成派の衝突により、前者に属する若者の自動車暴走によって、後者に属する若い女性が亡くなった事件に関し、トランプ大統領は15日"双方に問題があった"と発言した。

米国バージニア州シャーロッツビルにある南北戦争時の南軍司令官、ロバート・E・リー将軍の像
https://commons.wikimedia.org/wiki/File:Lee_Park,_Charlottesville,_VA.jpg

これが人種差別を肯定しているかのように受け止められ、トランプ大統領は苦しい立場になった。共和党主流派も今まで以上にトランプ氏とは距離を置き、トランプ氏への財界人の助言機関も幾つかが解散した。

この問題に関して保守系のFederalistが8月17日に配信した"Trump Spoke Truth About 'Both Sides' In Charlottesville, And The Media Lost Their Minds"の中で、撤去賛成派の左派のグループにも、暴力的な振る舞いがあったことを報じ、トランプ大統領の"双方に問題があった"という発言を支持している。

また今回の問題でトランプ政権の助言機関を去った財界人に関しても、ヘリテージ財団が8月16日に配信した"Where Is the Corporate Disavowal of Black Lives Matter?"によれば、2016年にオバマが設立した暴力的黒人運動に反対する審議会に参加しており、その後も左派系非営利団体を通じて、同様な団体への多額の献金を行っている人が多い。つまり偽善者なのである。

実は日本では殆ど報じられなかったが、Googleが"この会社に女性従業員の割合が少ないのは、ハイテク関係の仕事に女性が向い

ていないからではないか？"という報告書を提出した社員を「差別主義者」として解雇した問題は、米国では大きな社会問題になった。Federalist も 8 月 14 日に配信した "The New Right Is Not A Pack Of Neo-Nazis But Of James Damores" の中で、"Google には歴史的記念碑保存派を批判する資格はない" と述べている。

Google 本社の中庭
©Jijithecat
https://commons.wikimedia.org/wiki/File:Googleplex-Patio-Aug-2014.JPG

　このようなことになっている原因として WSJ は、8 月 14 日に配信した "The Poison of Identity Politics" の中で "人種、性別、宗教等のアイデンティティが、社会を分断することを正当化している" と喝破し、8 月 17 日に配信した "The Politics of Pointlessness" の中では、それがイスラム原理主義以外にも現代世界でテロを肯定するものとなっていると述べている。そして 8 月 15 日に配信した "What the Google Controversy Misses: The Business Case for Diversity" では、人間は自分と似た属性の人を "能力がある" と評価する傾向があるので、"多様性" によって企業が良いアイデア等を得て発展することの難しさを指摘している。

　なおヘリテージ財団が 8 月 11 日に配信した "Not Too Late to Prevent 'Death of Europe,' British Author Says" によれば、ＥＵ諸国の内 10 か国がＥＵの難民受入政策に批判的であり、その内の 8 か国で "イスラム系の人々は欧州の生活に溶け込もうとしない" という意見が多数だという。それくらい "多様性" とは難しいものだ。

　確かに多様性がなければ新しいアイデア等は出てこない。だがネットの発達した現代社会で、同じ場所にいる必然があるだろうか？　2016 年の大統領選挙でも今回のシャーロッツビルの事件で

第2章 トランプ政権成立の社会的背景

も脚光を浴びたＫＫＫ最高幹部デューク氏の 70 年代以来の主張である"人種によって住む州を分けてはどうか？"という提案は、今こそ検討の余地があるようにも思われる。

何れにしても WSJ が 8 月 17 日に配信した "In New Political Status Quo, Big Business Bucks the Right" では、米国の大企業の幹部社員になる人は高学歴エリートであり、そのような人は"リベラル"な考え方を大学で植え付けられているため、トランプ大統領の人種差別肯定的と誤解されるような発言で、トランプ政権から離れて行く現象が起きるのではないかと示唆している。だがヘリテージ財団が 8 月 3 日に配信した "The Fascist Roots of the American Left" によれば、いま米国の"リベラル"と言われる思想の源流は、ナチスの迫害から逃れて米国に来た一群の思想家達に遡ることが出来るが、彼らの思想は実は、ナチスと同じハイデッガーの思想に、その源流があるという。

ドイツの哲学者マルティン・ハイデッガー
©Willy Pragher
https://commons.wikimedia.org/wiki/File:Heidegger_4_(1960)_cropped.jpg

ハイデッガーの思想は、理性中心主義批判の一種である実存主義の中にあるが、ニーチェほど人間の（超越的な秩序を形成しようとする）"権力意思"を肯定しているわけでもなく、サルトルほど（人間相互の）"ヒューマニズム"を主張している訳でもない、いわば完全なニヒリズムなので、これは思想史的にも有り得る考え方だと思う。そう考えるとトランプ大統領が言ったように、シャーロッツビルで歴史的記念碑の解体に反対した人々の一部と賛成した人々の一部とは、実は同じようにナチス（恐怖政治）＝テロリズム的な発想を持った人々だったのである。

Washington Examiner が 8 月 16 日に配信した "House Homeland

Security Committee to hold hearing on domestic terror threats after Charlottesville"によれば、米国議会下院国土安全保障委員会(テロ対策委員会)は、シャーロッツビルの事件を契機に、イスラム原理主義だけではなく白人至上主義も、この事件後はテロ的な勢力として調査の対象にするようである。それならば白人至上主義に反対の左翼勢力も、テロ的勢力として監視の対象にするべきだろう。

司法省は、トランプ大統領の就任式の時に問題を起こして逮捕された200人くらいの人々のネット閲覧履歴を提供するよう、ネット情報会社DreamHostに対し令状を取った。それに対しDreamHostは、裁判で争う構えである。だが、このようなネット閲覧の履歴を政府が監視できるようになることは、シャーロッツビルにおける左派も含むテロ的な勢力を事前抑止するためには、非常に良いことなのである。〈注:この問題に関しても私の"テロ対策3部作"に詳しい〉

何れにしてもシャーロッツビル事件でリー将軍の銅像を解体することを主張した人々の中にも、テロリストと言って良い人々もいたのである。そのような人々を、確実に管理できるシステムが、米国だけではなく、沖縄基地問題や安保法制の問題を考えれば、日本でも一刻も早く確立されることが重要だろう。

(起筆:2017年8月22日)

4　トランプは二大政党を破壊するか?

2017年9月7日にトランプ大統領が、債務上限や移民問題で民主党と取引した問題は、米国民に、どのように見られたのだろうか?

幾つかの世論調査結果から、まず見てみよう。

この取引の直後にZogbyが行った調査(出典:Washington Examiner 9月14日配信 "Trump's base returns, up with younger and black voters") によれば…、

第2章 トランプ政権成立の社会的背景

	支持	不支持
全体	43%	53%
男性	50%	47%
共和党員	81%	18%
無党派層	46%	47%
ウォールマートで買物する人	51%	46%

ここまでは先月と大きな違いはなかったが…、

	支持	不支持
大都市	42%	55%
小都市	52%	45%
郊外	36%	60%
農村	50%	42%

これは先月比で中上級階級の多い郊外地帯で10％も支持が低下した代わりに、民主党支持者が多いとされる都市部で5％前後も良い方向に改善されている！

トランプ支持者が最も多いとされる農村では変化なし。更に…、

	支持	不支持
若い黒人	42%	53%

で、これは10％近くも支持率が上がっているのである。

つまりトランプ氏は民主党との協力により、今までの支持の一部を失ったが、その代わりに今まで弱かった部分で、新しい支持を開拓しつつあるのである。

最も重要なことは、今の米国で最大の人口を誇る20代前後の…、

	支持	不支持
ミレニアム世代	40%	57%

これは先月比で何と12％も支持が増えているのである！

このミレニアム世代の問題は非常に重要なので後に深く考察する。

次にワシントン・ポストが9月13日に配信した"Trump is

slowly rupturing the Republican Party, suggests yet another new poll" という記事で、Pew Research Center による各政党支持者間の自らが支持する政党への肯定的な見方の度合いを見てみよう。

	2016年	2017年
強い共和党支持	86%	89%
弱い共和党支持	49%	33%
強い民主党支持	88%	90%
弱い民主党支持	44%	42%

　何と弱い共和党支持が16％も減少しているのである！
　また同記事は、Quinnipiac 大学の過去4年間における共和党への肯定的イメージ調査によると、それは共和党支持者の間では常に60％以上あったのが、2017年夏には58％。それが64％にまで戻したものの、無党派層の間では常に30％以上あったのが、2017年に入ってから30％を割り込んだままになっている。最近2％ほど改善したが、それでも25％である。
　つまり2017年に入って以来、共和党から従来型無党派層が離反している。そして民主党とトランプ氏の協力で、それが改善に向かっているとも考えられる。
　それを以ってか同記事では、トランプ氏を"無所属大統領"とも呼んでいる。
　WSJが9月12日に配信した"Why Donald Trump Is Free to Show Independence From GOP"でも、同様にトランプ氏を"無所属大統領"と呼び、やはり世論調査で無党派層の内、共和党を支持しないと答えた割合が、支持するとした割合を31％も上回っていることを重視。トランプ氏が、インフラ整備、保護主義的貿易、中間層減税等の、民主党の協力が得られそうな政策に絞れば、かなりの成果と国民的支持が得られるのではないかと述べている。
　実際、ワシントン・ポストが9月12日に配信した"Trump's

第2章　トランプ政権成立の社会的背景

push for tax cuts is coming up against a familiar challenge" によれば、今回トランプ大統領と協力したシューマー民主党上院院内総務は、"税制改革は超党派で行いたい。それは中間層減税が中心でなければならない"と述べた。

中間層減税を行うには、何らかの形で富裕層や企業への増税が必要になる可能性が高い。それに賛成する議員と反対の議員との間で、共和党が分裂するかもしれない。

チャック・シューマー
上院議員
©U.S. Senate Photographic Studio/Jeff McEvoy

以上のような状況のためか、The Hill が9月7日に配信した "GOP fears House retirements could set off a wave" によれば、複数の共和党の下院議員が、2018年の中間選挙に出馬せず引退を表明した。その時点では数名程度だが、有力議員が多く、その後も増加が懸念される。（注：最終的には40人以上にもなった）

その理由は、大統領与党は平均して中間選挙で11％も下院議員を減らす傾向があり、まして上記のように無党派の支持が共和党から離れており、また大統領選挙でヒラリーがトランプに勝った地区選出の下院議員が24人もいる。落選して恥をかくより、引退した方が良いという判断なのだろう。

その上、2018年に入ってからだがライアン下院議長まで勇退の意向を表明した。その理由は、やはり中間選挙敗北の責任回避もあるだろうが、そもそも共和党のイメージ悪化の原因は、共和党が穏健主流派系と茶会党系で分裂していて、「決められない政治」になってしまっていることが大きいと思う。

ライアン氏は不思議と徳川慶喜や近衛文麿と良く似ている。人柄、判断力そして決断力の、どれを取っても最高の人物なのだが、守旧

派のリーダーになってしまったため、しなければならないと分かっている改革等を実行できず、そのため"優柔不断の人"のイメージが、彼には付きまとう。慶喜や近衛と同様、途中で投げ出したくなったのだろう。（注：実際に2018年の中間選挙で引退した）

ポール・ライアン
第62代米国下院議長
©U.S. Congress

このような状況や移民問題での民主党との妥協を以て、トランプ氏を"裏切り者"と考える人もいる（例えばThe Hillの9月10日配信"Right worries about Trump move on immigration"等）。

だがFOXが9月7日に配信した"Debt ceiling disaster: Trump just did us all a favor…"によれば、トランプ氏と民主党との債務上限に関する取り決めにより、税制改革等の重要案件を、12月までに処理しなければならなくなった。つまりトランプ氏は締切りを設けることで、共和党を団結させようとしているとも考えられる。

またThe Hillが9月12日に配信した"Trump'not backing off a border wall"によれば、トランプ氏は国境の壁を諦めたわけではなく、またWSJが9月15日に配信した"Trump Makes Deal a Priority Over Party"では、トランプ氏と民主党との間で国境警備の強化に関しての合意が進めば、保守派も納得するのではないかと述べている。

ところでトランプ大統領は、なぜ急に民主党との協力が出来たのか？　The Hillが9月9日に配信した"Dems ready to deal with Trump ― but it's complicated"によれば、もともとトランプ氏は民主党支持者だった関係上、シューマー氏、ペロシ氏といった今回の協力の立役者だった民主党幹部達に、莫大な政治献金をして来た実績があるという。だから急に彼らと（再）接近することができた。

第2章　トランプ政権成立の社会的背景

　そのことを考えると民主党には実は、少なくない"隠れトランプ派"の議員がいる可能性もある。また上院では2018年の中間選挙で改選される民主党上院議員の内10人が、2016年の大統領選挙ではトランプがヒラリー氏に勝った州選出である。

ナンシー・ペロシ
下院院内総務
©U.S. Federal Government

　そのような民主党の議員を味方に引き入れ、前に述べた引退する共和党の下院議員の選挙区に自らに近い候補者を立てることによって、トランプ氏が"第三政党"的なものを立ち上げることはできないか？正式の政党の形にならなくとも、民主＝共和の壁を超えた協力が常態化すれば、かなり米国政治は良い方向に変わる。もちろん正式の政党の形になれば、米国政治の歴史的大改革である。

　そう考える重要な理由が、先に述べたミレニアム世代の問題なのである。この世代は、今の米国で最大の人口を誇りながら、なぜか棄権が多い。6割近くも棄権する。そこで民主、共和両党とも、6割以上が投票に来る中高年向け政策に固執し、その結果なのか両党の議員等の高齢化も進んでいる。

　これは鳥と卵の関係で、ミレニアム世代向けの政策を民主、共和両党が打ち出さないから、ミレニアム世代が選挙に来ない。だから両党はミレニアム世代向けの政策を打ち出さないとも考えられる。

　それ以上にミレニアム世代のニーズが多様で、それに二大政党制では応えられないという問題も大きいと思う。

　この世代は格差拡大等で米国の今後に不安を持ち、"大きな政府"を志向する人が少なくないと言われているが、カトリック教徒であるヒスパニック系が多いので、妊娠中絶や同性愛結婚には反対の人も多い。逆もあるかもしれない。自分は自由なビジネスでうまく金

儲けが出来ているから、医療保険や年金、教育等は自己責任でやる。その代わり税金を安くして"小さな政府"にして欲しい。しかし自分はビジネス等を通じて、自由に生きることが好きだから、妊娠中絶や同性愛結婚も、個人の自由で良いのではないか？（私見だがイヴァンカ氏が、この後者の考え方をしているように思える。そしてイヴァンカ氏も、ギリギリでミレニアム世代と言える。）

イヴァンカ・トランプ
大統領補佐官
ⓒU.S. Federal Government

　このような複雑なニーズに二大政党が応えていない。それに応えられる"第三政党"的なものが立ち上がれば、米国政治は根本的に変わる。それは民主、共和両党を渡り歩き、未だに双方の折衷案的政策を実現しようとしているトランプ一家が、最もうまく出来そうに思える。成功すれば支持が不支持を上回る可能性さえあるだろう。

　"第三政党"的なものが立ち上がれば、米国政治は安定する可能性が高いが、"第三政党"の政策は、格差対策等の内向きのものになる可能性も高い。少なくともトランプ政権のあるうちに、日本はできる限りの軍事的自立を目指すべきだろう。

（吉川補足：この文章は2017年9月に書いたものであるが、2019年春以降のトランプ政権の動きを考える上で、非常に参考になる部分が多いと思う）

　　　　　　　　　　　　　　　　　　（起筆：2017年9月18日）

第3章
トランプ政権を巡る人々(1) バノンとマーサー

1 コンピュータ文明の矛盾を止揚できるか？

2017年8月18日、大統領選挙以来トランプ氏の超保守派的側面を支えて来たバノン戦略顧問が解任された。これでトランプ政権が穏健化、現実的化することに期待する人は多い。しかし、そうだろうか？

Newsweek が8月18日に配信した"WHAT'S NEXT FOR STEVE BANNON?"という記事によれば、バノン氏は失脚する前にマーサー氏とい

スティーブ・バノン氏（2017年12月16日、都内で開催されたＪＣＰＡＣ 2017にて（著者撮影）

う人物と会談している。そこで彼らは今後、トランプ政権を外側から支援し、トランプ氏本来の政策を遂行させることで意見が一致したという。同じ出来事を同じ日に報じた Libin の"Bannon, Mercer reportedly eye Breitbart TV launch"では、バノン氏が中心となって FOX 以上の保守系テレビ局を開設する話まで出たという。

つまりグローバル経済を肯定するコーン国家経済委員長や、アフガンで民間軍事会社ではなく米国正規軍の使用に拘るマクマスター国家安全保障担当大統領補佐官のような人物達〈第5章第2節参照〉のスキャンダル追及等、今までバノン氏が主催する Breitbart が行って来たことを、より大々的に行うつもりなのだろう。

これは上手く行くだろうか？ そもそもマーサー氏という人物は誰か？ それを上記の幾つかの記事や、同じことを同じ日に報じた

Business Insiderの"Bannon already met this week with a GOP mega-donor to plot his next steps"という記事、またマーサー氏とトランプ政権の関係を詳しく報じたThe Guardianが2月26日に配信した"the big data billionaire waging war on mainstream media"という記事その他の同氏に関するネット上の情報を参考に、以下にまとめてみたい。

ロバート・マーサー氏は、1946年生まれ。人生の初期は優れたコンピュータ科学者としてIBM等で活躍していたが、1993年にコンピュータ数学を駆使して金融バブルで儲ける会社ルネッサンス・テクノロジー社に入社。2009年から同社社長。彼の総資産は、数百億ドルと言われている。

この頃から彼はリーマン危機の影響もあってか、今までの自らの行いに疑問を感じ、コンピュータ技術者や金融ビジネスマンに多いリベラル思想とは真逆の、極端な保守思想を持つようになった。この思想的"転向"はバノン氏とも似ている。そして若き日にコンピュータを駆使した経済と経営を学んだトランプ氏とも似ている。

何れにしてもマーサー氏は、金本位制復活、死刑廃止反対、化石燃料規制反対（米国の保守派の間では、地球温暖化は氷河期とは逆の自然現象であり、その原因を化石燃料に求めるのは、化石燃料の会社からの献金の多い保守派を弱体化させるための、リベラル派の陰謀と信じられている）等の政治運動に巨額の寄付を始めた。バノン氏のBreitbartに高額の寄付を行ったのも、この頃と見られる。

更に彼は共和党内の超保守派を中心に多額の政治献金を行っており、その総額は1億ドルにものぼるという。

他に彼は、ヒラリー氏が多くの敵対者を暗殺したと信じており、彼女のカネのスキャンダルを暴く『クリントン・キャッシュ』という本の出版にも関わった。また彼は1960年代の公民権運動以前の方が黒人の生活は良かったのではないかとも言っているが、おそら

第3章　トランプ政権を巡る人々(1) バノンとマーサー

く公民権運動以降に多くの黒人が、"自分達は米国の歴史の被害者なので、生活保護等で生活するのが当然だ"という考え方になったことへの批判と思われる。その結果、今の米国には"白人至上主義者"は存在せず、黒人側からの"逆差別"が問題なのだと彼は考えている。

また2016年には英国内のBrexit賛成派を応援した。

その頃、彼はテッド・クルーズ氏を応援していたが、彼が失速すると急速にトランプ氏に近づいた。1,350万ドルの個人献金を行い、それはトランプ氏が受けた個人献金の最高額だった。

そして彼はバノン氏や最初はテッド・クルーズ氏の選挙参謀だったコンウェイ氏をトランプ選対に入れた。それはカネの援助の問題だけではない。

マーサー氏が実質的に経営する会社の一つにケンブリッヂ・アナリティカという会社があり、バノン氏も経営に関係している。この会社はビッグ・データを使った顧客開拓が主な業務である。バノン氏のBreitbartが短期間でHuffington Postを追い越し全米有数のニュース・サイトになれたのも、

ケリーアン・コンウェイ
トランプ氏の大統領顧問
©Gage Skidmore
https://commons.wikimedia.
org/wiki/File:Kellyanne_
Conway_by_Gage_
Skidmore_3.jpg

この会社の力なら、トランプ氏の奇跡の逆転勝利も、この会社の力である。バノン氏は数年前から同社に関わって来た自身コンピュータや金融のプロだった。コンウェイ氏は同様の会社を自ら立ち上げて成功した人物である。

これからケンブリッヂ・アナリティカのビッグ・データを駆使して、コーン国家経済会議委員長やマクマスター大統領補佐官失脚等の方向で、"バノンＴＶ"が活躍するのを見られるのかもしれない。

バノン氏は失脚したがコンウェイ氏は未だに残っている。彼女は

イヴァンカ氏等と仲が良いとも言われ、これからも政権内でマーサー氏の代理として動くかもしれない。またマーサー氏の娘で彼の政治献金活動を任されているレベッカ氏は、バノン氏を師と仰いでいる。マーサー家とトランプ氏は、もちろん頻繁に連絡していると思われる。バノン氏とトランプ氏は完全に切れたとも言えないのである。

またFederalistが2017年8月24日に配信した"Trump's Down, But Not Out For The Re-Election Count. Here's His Game Plan"によれば、ロス商務長官もウォール街で巨富を得た人物だからこそ、その後の人生を鉄鋼業の再生等の働く人に職場を与える活動に専念して来た、バノン氏やマーサー氏等と似た側面のある人物で、税制改革に

ウィルバー・ロス
商務長官
©U.S. Federal Government

も関係するが、金融取引への課税強化をロス氏は主張する可能性がある。これは実は予備選の最中には、トランプ氏の公約の一つだった筈なのである。これが実現すれば、格差是正の効果は大きくなくとも、バブルが膨らんでは弾けて、リーマン危機が再来するリスクを減らすことはできると思う。それは最も重要なことである。

もちろんウォール街の代表者であるコーン氏等は、絶対に反対するだろう。共和党の有力議員にも少しでも増税になる案は受け入れられる余地は少ない。（注：実際2017年の段階では実現しなかった）

そこで彼らの力を落とすようなキャンペーンを、ケンブリッヂ・アナリティカ社の、ビッグ・データを使った解析に基づいて、"バノンＴＶ"が行えば良い。その他に正規軍の対外派遣に拘るマクマスター氏の失脚その他の色々なことが、これから起きる可能性もある。（注：この"バノンＴＶ"自体は実現しなかったが、コーン氏もマクマスター氏も失脚した）

第3章　トランプ政権を巡る人々⑴　バノンとマーサー

　思えばコンピュータを駆使した金融バブルで儲けた人々が、そのような行いの限界を悟り、しかしコンピュータを駆使して反対派を倒そうとするのは、矛盾した話のようにも思われる。だが、この矛盾を止揚してこそ、新しい文明が建立されるのではないか？

　まさに「はじめに」で述べた"脱理性主義"的文明である。

　この"脱理性主義"的文明とは、コンピュータを駆使したグローバル化経済を部分的に認めつつ、しかしグローバル化で破壊されそうになっている民族精神の再生の形になるであろう。それは今まで述べて来たマーサー氏、バノン氏そしてトランプ氏の背景を考えれば、間違い無いだろう。シャーロットビル事件への発言も、マーサー氏と今後も共闘して行くという意思表示だったのかもしれない。

　ところで The Hill が8月26日に配信した "Russia's propaganda machine amplifies alt-right" によれば、ロシアがコンピュータを駆使して、ネット上で米国の（バノン氏的な）極右を支援しているという。Daily Beast が8月2日に配信した "Russian Extremists Are Training Right-Wing Terrorists From Western Europe" を見ると、EU諸国でも同じことを行っているようだ。

　これを"全体主義的な国家による民主主義への挑戦"と理解するのは容易い。実際、上記の二つの記事も、そのような書き方である。

　だが私には、むしろ大きな意味での白人民族主義連合を作ろうとしているようにも思える。グローバル化等により忘れられようとしている白人キリスト教徒の精神を復活させ、その大連合を作ろうとしているのではないか？　そのためにマーサー氏達と同じ矛盾——グローバル化を促進するコンピュータを、グローバル化否定のために使うこと——を犯しているが…。

　確かにロシアと中国やイランの間には、上海機構による強い結びつきがある。だが白人キリスト教のロシア人が、中国人やイラン人を本気で信用するのだろうか？

何れにしても今はグローバル化さらには「民主主義」なるものが、本当に価値あるものかを考え直す時だろう。もっと大事な"民族精神"等を、グローバル化や民主主義が否定しようとしていないか？
　われわれ日本人の"民族精神"は、鎌倉仏教をベースにした江戸時代の庶民思想等から見ても、むしろ白人キリスト教徒の文明と似ている。だから他の非白人諸国と違って明治維新を達成できた。
　そのことを日本人は自覚し、米国やロシアの白人達に理解してもらうことが、これからは重要ではないか？　そして儒教やイスラムの過激思想と共同で戦うのである。
　ロス商務長官は、親日家で有名である。まず彼あたりを足がかりにするのも、あり得る選択だろう。安倍総理とトランプ、プーチン両大統領との個人的関係も重要である。
　何れにしてもバノンそしてマーサーといった人々のトランプ政権への影響が、急激に衰えることはないのではないか？　彼らへのロビー活動等も怠ってはならないだろう。

（起筆：2017年8月27日）

2　米中激突の予感

　2018年の年明けにバノン氏がウォルフ氏という作家の書いた『炎と怒り』という本の中で答えたインタビューの内容が、トランプ大統領を激怒させた。
　ワシントン・ポストが1月9日に配信した"Stephen K. Bannon leaves Breitbart after blowup over comments in Trump book"によれば、バノン氏はマーサー氏の意向により、Breitbartの最高責任者から降りることになるようである。これは彼に取って死刑宣告に等しい状況のように見える。しかし彼は新しい団体を起こして既成勢力を駆逐する活動を、今後も続ける覚悟のようである。それら新団体の中の一つは、中国やイランの脅威を喧伝する目的のものであると言う。

第3章　トランプ政権を巡る人々(1) バノンとマーサー

　そもそも彼の完全失脚自体が、『炎と怒り』と言う本の問題は契機に過ぎず、彼が応援して共和党内の予備選挙で主流派系候補を倒した人物が、本番選挙で民主党候補に敗れる現象が相次いだため、トランプ氏も彼らの後ろ盾であるマーサー氏も、とりあえずバノン氏を切った方が良いと言う判断が先にあったのではないか？　だがバノン氏が2人から全てを奪われた後も、共和党の予備選挙で主流派系の候補者が、極右系の候補者に敗れる現象は続いたのである。
　トランプ氏は中国との安全保障上の問題から鉄鋼の輸入等に高い関税を掛ける政策を発表したが、米国の鉄鋼輸入に中国の占める割合は2％程度とも言われていて、これは中間選挙に向けて国内の製造業の雇用を守ることが目的だと言う説もある。それが本当だとしても、グローバル経済エリートよりも、額に汗してモノ創り等を行い、米国を下支えして来た人々を守ると言う考え方に変わりはない。
　どうやらバノン氏が完全失脚したとしても、彼に象徴される「トランプ主義」とは、一過性のものか本格的な米国の変化かは別として、現状では続いていると言って良いだろう。

　共和党の現実外交の理論的指導者のキッシンジャー氏にも、トランプ氏は当選前から指南を受けて来たと言われているが、親中派で知られるキッシンジャー氏も最近は、中国が力を付け過ぎたので、ロシアを使って中国を抑える考え方をしているとも言われる。
　どうやらトランプ、バノン両氏が最初から考えていて、ロシア疑惑なるもののお陰で一時中断していた、ロシアの力を借りて中国や北朝鮮、イラン等を抑える政策の復活の予兆が、出て来

ヘンリー・キッシンジャー
元NSC担当大統領補佐官・元国務長官
©David Shankbone
https://ja.m.wikipedia.org/wiki/ファイル:Henry_Kissinger_Shankbone_Metropolitan_Opera_2009.jpg

ているようだ。ロシア疑惑は、トランプ政権内のグローバル経済エリートであるクシュナー氏のところで止まる可能性が低くない。2017年12月のフリン元NSC担当大統領補佐官の証言で、クシュナー氏がロシア疑惑に関係して起訴される可能性が出て来たからである。

ジャレッド・クシュナー
大統領上級顧問
©U.S. Federal Governme

そのため彼がいなくてもロシアとの話し合いが出来るように、トランプ氏はエルサレム首都宣言を行って、イスラエルとの関係を強化したのだろう。

冷戦後のイスラエルは、共産政権に抑留されていたロシア系ユダヤ人が大量に入植して来たため、米国とロシアの調整役のような、非常に特殊な立場にある。

中国の海洋進出を、米国がロシアと部分的にでも協力して、本気で抑えにかかってくれるのなら、それは日本にとっても国益である。鉄鋼課税は、その予兆かも知れない。

またロシアと中国の間には、確かに上海機構があるものの、同じ共産主義国家同士だった頃から国境紛争を抱え、人種も宗教も違う両国が、真の協力関係になる可能性は高くないように思う。

このように"バノン的路線"によって、米国とロシアが協力して中国を抑えてくれることは、日本の国益である。そういう意味で"バノン的路線"の動向に日本は、これからも注意し続けるべきだろう。

（起筆：2018年3月4日）

3　不死鳥ケンブリッジ・アナリティカ

トランプ氏が大統領になるに当たって非常な影響があったと言われるケンブリッジ・アナリティカ（CA）社は、2018年5月2日に

第3章　トランプ政権を巡る人々(1) バノンとマーサー

破産申請を行った。約1か月に及ぶ主流メディアによるFacebook社からのデータ不正使用疑惑報道のため、顧客の離反等を招き業務を続けることが難しくなったためだという。

CA社はFacebook社から得たデータが不正なルートから来たデータであるらしいと気づき、それをトランプ氏の選挙応援には使っていなかった。にも関わらず、このような事態に追い込まれたことは、メディアによる魔女狩り以外の何者でもない。

だがCA社と、その背景にいるトランプ政権の後ろ盾マーサー氏は不死身なのだ。

実はCA社は、このような事態が起こることを想定していたのか、もう2017年夏くらいから、同じ持株会社SCLの下に、Emerdata社という同様の内容の会社を立ち上げていた。CA社の持つデータや技術等は、このEmerdata社に引き継がれる。今までCA社に多額の投資をして来たトランプ政権の後ろ盾マーサーと彼の娘達が、この新会社にも深く関わっていることは言うまでもない。

これらの会社は法人としては英国籍なので、同国の法律によりCA社は、破産してもデータの削除は許されず、英国政府はCA社に不正がなかったかどうかの捜査を、これからも継続するという。しかしCA社は形式的にでも解散され、従業員も一旦は解雇されている。SCLも最近は、連絡が取れない状態が続いているという。

つまりCA社に対する追求は、このままうやむやになる可能性が高い。だがEmerdata社が、同じ仕事を受け継ぐことは確実である。

これは一種の計画倒産だったのかも知れない。離反した顧客として名前が出て来るのが、ボルトン現NSC担当

テッド・クルーズ
米国上院議員
©U.S. Federal Government

大統領補佐官やテッド・クルーズ上院議員等、トランプ氏ないしマーサー氏に近い人物が多いのも、その状況証拠だろう。

今回のことでトランプ氏の大統領就任式と同時に、トランプ再選のための非営利政治団体（Great America Alliance等）が結成され、そこにも当然マーサー氏が莫大な資金を提供していることが、あらためて表面化した。その団体は実質的に、トランプ氏の2016年の選挙を応援した別の団体を引き継いだものである。

そちらの団体（America First Policies）は、マーサー氏の他にリケッツ氏という共和党支持の大富豪が、かなりの大金を提供していたが、この二人は元々は反トランプだった。そういう人物を味方に引き付ける何らかの力が、トランプ氏には確かにあると言える。

ところで、この America First Policies という団体には、デヴォス教育長官の兄弟で、イラクで不祥事を起こしたことで悪名高い民間軍事会社ブラック・ウォーターUSA元社長プリンス氏も、2015年と2016年に150万ドルずつ提供している。彼は政権移行期に、ロシア筋と接触したとして、モラー特別検察官等に追求もされている。

エリック・プリンス
ブラック・ウォーターUSA設立者
©Miller Center
https://ja.wikipedia.org/wiki/ファイル:Erik_Prince.jpg

しかし彼の会社はフロンティア・サービス・グループと名前を変えて、今でもアフリカの紛争地帯で活躍しており、バノン氏どころかクシュナー氏までアフガンへの増派には、この会社を米国正規軍の代わりに使うことを提案し、トランプ氏も同意していたのだが、マクマスター当時NSC担当大統領補佐官等の軍部出身の閣僚等の反対で、やはり正規軍増派になった経緯もある。〈第5章第2節参照〉

何れにしてもケンブリッジ・アナリティカ社からEmerdata社へ

第3章　トランプ政権を巡る人々⑴ バノンとマーサー

の"衣替え"は、このブラック・ウォーター USA 社からフロンティア・サービス社への"衣替え"と良く似ている。プリンス氏が知恵を出した可能性もあるだろう。それだけではない。

何と Emerdate の新社長とフロンティア・サービス社の副社長は、同一人物なのである！

どうやらトランプ政権を支える人々は、不死身の男達のようである。この調子ならトランプ再選は、難しくないように思う。政治資金にも選挙テクニックにも問題はなく、それ以上に優れた真の意味での知恵の持ち主の集まりである。

私は繰り返しトランプ氏、マーサー氏、バノン氏といった人々は、コンピュータを駆使した理性的なビジネスが、リーマン危機で人々を不幸にしたのを見て、理性の限界に気付き、それとは反対方向を目指した人々ではないかと評価して来た。例えばトランプ氏がアマゾンの社長に批判的というのも、単にトランプ大統領に批判的なワシントン・ポストの社主でもあるからだけではなく、アマゾン社の社長が"理性を突き詰めて行けば人類には無限の素晴らしい未来がある"という考え方をしている人物だからではないか？　Facebook 社のザッカーバーグ CEO も、我が国の堀江貴文氏も同様と思う。

しかし彼らの考え方が間違っていることは、リーマン危機等が証明しており、そのことに気付いて敢えて理性中心の考え方から脱却したトランプ政権周辺の人々の方が、真の知恵があると思う。

そのような理性を超える新しい思考のインキュベーターに、ケンブリッジ・アナリティカ社がなるのではないか？　そのような深い思索が、トランプ氏周辺の人々に現時点であるかには、私も疑問を持っているが…。

だが、Emerdate 社の新社長とフロンティア・サービス社の副社長が同一人物だとすると、この二つの会社をベースに私が期待しているような"新しい何か別の思考"（「はじめに」で述べた広い意味

での「反理性」主義）が出て来る可能性は、ますます期待できるように思う。民間軍事会社も理性中心主義の原因でもあり結果でもある近代国家中心の世界秩序が、グローバル化等によって融解したことから発生したものと考えられるからである。

ところで、Emerdate 社の新社長兼フロンティア・サービス社副社長である人物の名前を見ると、明らかに韓国系か中国系である。この会社に日本を代表するハイテクないしネット関連の会社の有力者を送り込むくらいのことを、我が国も考えて良いだろう。

（起筆：2018年5月7日）

4　欧州で活躍するバノン

Daily Beast が2018年7月20日に配信した"Inside Bannon's Plan to Hijack Europe for the Far-Right"によれば、バノン氏はジョージ・ソロス氏的なグローバリストと闘うため、2019年5月の欧州議会選挙で移民排斥等を主張する欧州の極右政党が、全体で3分の1以上の大躍進を遂げるために協力する方針である。2018年7月のトランプ氏が訪欧中、バノン氏も欧州のホテルに1週間滞在し、それら極右政党（私に言わせれば民族主義政党）の代表者達と次々と面会したという。

欧州議会の本会議場
©PPCOE
https://ja.wikipedia.org/wiki/ファイル:Pleniere.JPG

このホテルは5つ星の超高級ホテルで、そこで彼は極右政党の代表者達に、900万ドルの献金の用意があると言った。コンピュータを駆使した選挙戦略で彼らを助けるとも言ったのは言うまでもない。そして2018年11月の米国中間選挙が終了したら、2019年5月までは自分の時間の50％は欧州で過ごすとも言ったという。

第3章　トランプ政権を巡る人々(1)バノンとマーサー

ところで日本でも報道されたように、トランプ氏は訪欧中に、今の欧州を"敵"と呼んだ。またロシアに融和的な発言も行った（例えば Washington Examiner 7月15日配信 "Trump calls EU 'a foe' ahead of Putin meeting"）。

そのため帰国後、暫くはトランプ氏の評判が非常に悪くなり、多くの共和党の候補が彼と距離を置いた中間選挙の選挙運動を展開した時期があった。その時期にバノン氏は、それは共和党敗北への道であると厳しく批判したと Daily Beast が7月19日に配信した "'You Are Either With Trump or You Are Against Him,' Says Bannon, as Putin Mayhem Tests President's Grip on GOP" という記事には書かれている。また同じ Daily Beast が7月25日に配信した "Henry Kissinger Pushed Trump to Work With Russia to Box In China" では、親中派の筈のキッシンジャー氏が、強くなりすぎた中国封じ込め政策をトランプ氏に指南しているという、大統領選挙中から囁かれている噂に関して、とても良くまとめられている。

そしてバノン氏は、The Hill が8月3日に配信した "Stephen Bannon is ratcheting up his war on the Koch network, accusing the billionaire brothers of running 'a conscious scam' and a 'con job.'" の中で、また共和党主流派を批判すると同時に、彼らの資金源でジョージ・ソロス氏と同様のグローバル経済論者であるコック石油財閥を徹底的に批判している。

この中でバノン氏は、もうトランプ氏と関係ないと主張している。

しかし Politico が8月2日に配信した "RNC warns donors to steer clear of Kochs" によれば、トランプ氏も共和党も、トランプ大統領がコロラド・サミットで保護貿易主義を打ち出して以来の、コック財閥の彼らへの批判を警戒し、お金（4億ドルとも言われる）や選挙関係のデータ等を民主党に回されないかと不安を感じている。少なくともトランプ氏は、コック石油財閥と全面対決の方向だ。

この問題を見ても、そして最初に紹介した欧州でのバノン氏の活動を見ても、バノン氏とトランプ氏は、未だに裏で繋がっている可能性がある。2020年大統領選が近づくにつれ、バノン氏復活の可能性は、高まって行くのかもしれない。

(起筆：2018年8月17日)

5　バノン派の逆襲
——"アントニウスの演説"、「教皇庁の抜け穴」そして「ローマ帝国衰亡史」

　The Hillが2018年9月13日に配信した"Bannon says right must support 'RINOs'"によれば、バノン氏と共和党主流派との関係は改善しつつあるようだ。彼は中間選挙で、共和党主流派系の中道穏健派候補で選挙区の関係者からも"名ばかり共和党員"と揶揄されるような候補者のためでも、必死に選挙応援を行っている。それは下院で共和党が過半数を割ることで、トランプ大統領が弾劾され、トランプ氏の改革政治が中断しないためだという。彼は、そのために"Citizens of the American Republic"という団体を立ち上げ、その有力関係者25人が既に"臨戦態勢"に入っているという。

　彼はトランプ大統領本人とは、もう接触していないと言い張っている。だが少なくともトランプ氏周辺の人々とは、接触している可能性は高い。そして彼に未だ反感を持つ人々は、彼の今の活動はトランプ大統領周辺への復帰が目的ではないかと考えている。しかし彼は未だに"自分は共和党主流派は嫌いだ！"と公言している。

　だが彼が穏健派候補者の選挙応援にまで積極的になっていることで、共和党主流派も彼との関係は良い方向で見直しつつあるようだ。それはバノン氏が予測した"共和党50議席敗退"が現実味を帯びて来たためであり、またボブ・ウッドワードが書いた『恐怖』という本の中で、ティラーソン氏、コーン氏、マティス氏といった人々

第3章　トランプ政権を巡る人々(1) バノンとマーサー

が、政権内部でトランプ氏の政治を妨害していたような記述があることも、バノン氏の"忠臣"としての印象を回復させた。

これは私見だが『炎と怒り』という本の中での発言を巡って、バノン氏が一旦は全てをトランプ氏と周辺から取り上げられたこと自体が、このような流れを作るための大芝居だった可能性さえある。

それ以前にバノン氏の応援で共和党の予備選挙に勝ったトランプ氏とイメージの近い候補者が、補欠選挙本番で敗北する現象が相次いでいた。中には共和党主流派の選挙妨害で落選したとも理解できる状況の場合もあったが、補欠選挙や中間選挙等では、穏健派で共和党主流派に近い候補者の方が当選し易い。そう考えたトランプ氏が、バノン氏を地下に潜らせたのではないか？

実際、バノン氏はトランプ氏の業績を讃え反対派の偽善を暴く映画を製作したが、その費用約200万ドルは"1対の大きいdonors"から出たと彼は主張。その映画を彼は11月6日の中間選挙投票日まで重要選挙区で上映会を連続開催した。

彼によれば2016年の大統領選挙は、ヒラリー陣営の敵失に付け込んだので勝てた。2018年中間選挙は、その戦略がない。それを何とかしたいというのが、彼の考えのようだ。

これはシーザーと一旦は距離を置いたが、シーザー暗殺後に素晴らしい演説でシーザーの精神を蘇らせた、アントニウスを思い起こさせる。勿論、トランプ氏は未だ死んではいない。今は苦しいところかも知れないが、バノン氏の活躍次第では、今まで以上の力を持つ可能性は幾らもある。

ところでバノン氏はThe Hill前掲記事によれば、彼の作成した映画の上映会を、一部地域では教会堂でも行う計画らしい。そしてロイターが9月14日に配信した"Steve Bannon drafting curriculum for right-wing Catholic institute in Italy"によれば、バノン氏はローマから程近い修道院に8年前に設立された極右系のカトリック研修

所"Dignitatis Humanae Institute"にも、4年前から深く関わっており、最近は指導者育成カリキュラムの作成も行い、また米国と欧州の両方での資金集めにも熱心であるという。

これは彼が米国の中間選挙が終わったら自分の時間の殆どを2019年の欧州議会選挙で移民排斥政党が躍進するために使う予定なのと無関係では有り得ない。この"Dignitatis Humanae Institute"には、イタリアの有力な保守政治家ロッコ・ブチリオーネ氏が設立に深く関係し、保守派の有力枢機卿バーク氏が理事長を務める。

ブチリオーネ氏は欧州議会の反対で、European Commissioner for justice and securityになれなかったことがある。またバーク氏は、2014年に今のローマ教皇の手によって、バチカン最高裁判所長官やマルタ騎士修道団後援者といった、相対的に影響力の少ない地位に"左遷"されている。

バチカン市国のサン・ピエトロ広場
©Pixabay

バノン氏を含む3人の思想には、少しずつ違いもある。だが3人が、同性愛結婚反対、妊娠中絶反対といった宗教の根幹の部分を、大事にしようと考えていることに変わりはない。バノン氏が作成中の指導者育成カリキュラムでも、それは大きな地位を占めている。

このような根本的に大事な考え方を、カトリック内部から崩そうとし、そしてヒスパニック系（カトリック系）不法移民を支援して、プロテスタント国家米国を乗っ取ろうとしているのが、今のローマ教皇である。

そのためDaily Beastが9月7日に配信した"The Plot to Bring Down Pope Francis"によれば、バノン氏は今の教皇を退位に追い込もうとしており、ペンシルバニアのカトリック教会で70年以上

第3章　トランプ政権を巡る人々(1)　バノンとマーサー

に亘って児童虐待が行われて来た事件等をリークしたのも、彼周辺ではないかと言われている。

何となくアンドレ・ジッド氏の『法王庁の抜穴』を想起させる話である。ただ同小説との違いは、詐欺師的な存在が教皇の方だということだ。今の教皇は前述のように宗教者失格なのだから当然である。

ただロイター前掲記事によれば、バノン氏を含む人々は、カトリックにピューリタン的な、親ユダヤ、親イスラエル的な考えを持ち込もうとしているらしい。国際ユダヤ思想こそは、人間を破壊するグローバリズムやリベラル思想の根源である。それと闘って来たのは、カトリックだった。

だが今の教皇は、グローバリズムやリベラル思想に汚染された人物である。退位させることが出来なくとも"Dignitatis Humanae Institute"の活動等で弱体化させるべき存在なことは確かだろう。(『世界日報』View Point が 2018 年 12 月 5 日に配信した"法王は「同性愛」を容認しているか"によれば、12 月 1 日に教皇は"教会には同性愛者を迎え入れる場所がない"と断言し、同性愛結婚を認めない姿勢を明らかにした。だが同記事の中でも今までの教皇に"多くの脱線発言があった。"と書かれている。もし教皇の今までの発言に誤解された部分があるとしても、そのような誤解を招き寄せただけでも教皇失格と言われる余地がある。三島由紀夫によって厳しく批判された、昭和 21 年元旦の昭和天皇の詔勅と同じである。)

また"ピューリタンとはキリスト教であっても、ユダヤ教やイスラエルに親近感を持つものである"という考え方は意外に新しく、米英の中東石油戦略の立案者チャーチル氏の親族が、20 世紀初頭に広めた考え方だという説もある。そうであればピューリタンの親ユダヤ感情が今後に変化し、純粋に勤労の美徳だけが残ることも、全く考えられない訳ではないだろう。

また遠くない将来、今は人口的に国際ユダヤの方が多数派だが、

イスラエルに居住するユダヤ人の方が、人口的多数派になる。特に2020年には、米国に住むユダヤ人の人口よりイスラエルに住むユダヤ人の人口が、多くなると言われている。そうなれば世界のユダヤ社会の在り方も、大きく変わることも期待できる。

何れにしても中短期的には、イスラエルはロシア、米国そして日本の調整役になってくれる可能性の高い国である。バノン達の方針は、日本にマイナスではない。

日本がイスラエルと接近し過ぎることは、アラブ諸国を敵に回すのではないかという不安を感じる人もいるだろう。だが米国のエルサレムへの大使館移転や米国内のパレスティナ代表事務所閉鎖があっても、アラブ諸国は強く反発せず、むしろイランや国際テロ集団の脅威から自国を守るため、米国（と結び付きの強いイスラエル）とは、事を構えようとしないではないか！　それほどイランや国際テロ集団の脅威は大きいのである。

その国際テロの発祥地は、アフガンである。Daily Beastが9月14日に配信した"Inside Erik Prince's Push to Rule the Skies"によれば、デヴォス教育長官の兄弟で民間軍事会社ブラック・ウォーターUSAの社長であるプリンス氏は、ブラック・ウォーターUSAに空軍部門を作ろうと過去数年間に渡り努力を続けて来たが、その度に米国その他の国の法的問題で頓挫して来た。だが彼は、いよいよ諸事情を整理し、本格的に空軍部門を創設する方針らしい。

バノン氏は彼を2018年の中間選挙で、ウイスコンシン州選出の上院議員にしようと画策していたことがある。それを考えるとプリンス氏は、広い意味での"バノン派"の人物と言える。

そのプリンス氏はThe Hillが8月14日に配信した"Faced with opposition, Erik Prince shops his plan for Afghanistan"によると、2017年に実現できなかったアフガンに正規軍ではなく彼の会社を増派する案を、トランプ政権に再提案した。〈第5章第2節参照〉

第3章　トランプ政権を巡る人々(1) バノンとマーサー

それを実現するため、どうしても空軍部門を創設したいらしい。ゲリラ勢力を空中から攻撃することが効果的だからである。

Daily Beast 前掲記事によれば、アフガンの正規軍(の一部)をブラック・ウォーター USA に交換することで、米国政府は年間 350 億ドルの節約になると、

バグダッドを飛ぶブラックウォーター USA のヘリコプター
©U.S. Air Force

プリンス氏は主張している。その代わり同社は、年間 35 億ドルの予算と、もし奪回できれば今はテロ＝ゲリラ集団に占拠されている有力な鉱山を要求するという。

1990 年代のシェラレオネ紛争を、民間軍事会社が同様の方法で解決したことがある。プリンス氏の主張は、間違ってはいない。

ただ今のブラック・ウォーター USA には「一帯一路」の安全確保等を理由に、中国が巨額の出資をしている。前にも書いた左派が騒いだために名目上倒産した、トランプ大統領を選挙で当選させたケンブリッジ・アナリティカ社も、やはり今はプリンス氏が実質的に社長なのだが、この新会社を巡っても類似した情報もある。

この二つの会社に対して日本は、中国より積極的に出資するくら

いでないと、世界の中で生き残って行けなくなる。郵貯のマネーを使って、途上国の保安をODAの一種として、ブラック・ウォーターUSAに依頼する等の色々な方法が考えられると思う。

何れにしてもDaily Beast、The Hillの両記事を見ても、マクマスター氏は居なくなったものの、やはり軍部出身のマティス国防長官の反対で、アフガンへの民間軍事会社派遣案は、なかなか実現しそうにない。それもあってかワシントン・ポストが9月5日に配信した"The White House is discussing potential replacements for Jim Mattis"等によれば、ウッドワード氏が書いた『恐怖』という本の影響もあって、マティス国防長官の解任も検討されているという。(注：実際に2018年末に解任された)

だがワシントン・ポスト前掲記事を見ても、リベラル派も保守派も、ワシントン既成勢力から国防長官を出したいことに代わりはないようだ。そのような既成政治——理性主義的なマニュアルに囚われて、例えば正規軍より民間軍事会社を使うようなことに反対する政治の打破のために、トランプ氏が大統領になった筈だが、トランプ氏の力を以ってしても、なかなかワシントン改革は進まない。

空想的な話かも知れないが、ブラック・ウォーターUSAがワシントンを占領して、民主的政治を一時的に停止させるくらいのことが起きても良いのではないか？それくらいしないと理性主義的な既成政治を打破し、21世紀に相応しい柔軟かつ良い意味で「反理性」主義的な政治を、実現することは出来ないの

ローマ帝国の最大版図
https://ja.wikipedia.org/wiki/古代ローマ#/media/File:Roman_Empire_Territories.png

第3章 トランプ政権を巡る人々(1) バノンとマーサー

ではないか?

　ギボン氏の『ローマ帝国衰亡史』によれば、当時的には民主的だった西ローマ帝国は、自らが使っていた野蛮人の傭兵隊に占領されて滅亡した。だが、その結果として、その後の欧州世界の発展があった。今は、そのような時期に来ているようにさえ思う。

(起筆:2018年9月23日)

6　中間選挙後のバノン氏を巡る状況
──理性と「反理性」の弁証法

　New Yorker が11月17日に配信した "New Evidence Emerges of Steve Bannon and Cambridge Analytica's Role in Brexit" によれば、ジョージ・ワシントン大学のエマ・ブリアン氏によって発見された電子メールにより、バノン氏とケンブリッジ・アナリティカ社そして背景にいる大富豪マーサー氏が、2015年10月頃からBrexit を成功させるために、非常に積極的に動いていたことが、証明できるという。そのための米英間の資金移動は、外国勢力が国内の選挙に介入してはならないという英国の選挙資金法に違反するが、親族間を例外とする規定により、これは違法行為ではなかったというのが、担当した銀行の見解のようである。この問題には当時の駐英ロシア大使や、WikiLeaks のアサンジ氏も、関係している可能性があるという。

　この記事では英国も特別検察官のような存在を任命し、これらの疑惑を追及するべきであると主張している。

　また Washington Examiner が11月16日に配信した "Steve Bannon, Oxford University, and the intellectual fallacy of the Left's no-platform agenda" によれば、オックスフォード大学がバノン氏に講演を依頼したところ、CNN のホリー・トーマス氏が、強い反対を表明したという。

そしてHotairが11月22日に配信した"Steve Bannon's Far-Right Europe Operation Undermined By Election Laws"によれば、バノン氏が2019年5月の欧州議会選挙で反移民政党を応援しようとしていることは、EU加盟国13国の内9つの国で、何らかの形で法令上の問題になり、関係省庁により妨げられる可能性があるという。

以上の諸件は理性主義的グローバリズムによって破壊されつつある民族精神共同体回復のために闘っているバノン氏に対する、理性主義者の妨害以外の何物でもない。だが、そんなことに負けてしまうバノン氏ではない。

Hotair前掲記事でもバノン氏は、法律専門家と話し合って、柔軟に法解釈が出来る活動分野等に関して考慮している。またWSJが11月20日に配信した"Steve Bannon, Chinese Critic Create Fund to Investigate Beijing"によれば、バノン氏は同日に米国への亡命申請中の中国人郭文貴（クオ・ウエンコイ）と共に記者会見を行い、1億ドルの資金を使って中国政府の不正を追及すると公表した。

バノン氏の真の目的は、白人文明と異なる中国文明の打倒という「反理性」的なものだろう。しかし、そのために中国の独裁体制批判という理性主義的な方法を使っている。

またバノン氏の欧州での活動は、グローバリズム反対の立場のものである。それに反対する人々は、New Yorker、CNNといったグローバリストな筈の人々であるが、彼らがバノン氏の活動を妨害するために使う手段は、グローバリズムと逆の各国の国内法である。

このようにバノン氏を巡っては、常に理性と「反理性」、グローバリズムと反グローバリズムとの矛盾対立が存在する。WSJ前掲記事でも、バノン氏はトランプ氏とは今は関係ないと主張している。そうだとしても今後もバノン氏の動向には注目し続けるべきだろう。世界の民族主義と「反理性」主義の復活のために…。

（起筆：2018年12月4日）

第4章
トランプ政権を巡る人々⑵
共和党関係者

1 2017年7月ワシントンの内戦
──トランプ大統領 VS 共和党主流派

トランプ大統領は2017年7月21日に新しい報道責任者を任命。彼との対立によるような形で、それから1週間以内に主席大統領補佐官を含む共和党主流派系のホワイトハウスの重要スタッフ数名が辞任。代わって主席大統領補佐官になったケリー前国土安保省長官（元海兵隊将軍）の意向で7月31日には、10日前に着任したばかりの報道責任者も辞めることになった。

ジョン・ケリー
第5代国土安全保障長官
©U.S. Federal Government

この現象をトランプ政権のレームダック化と考える人が多いが、私はトランプ大統領が、かなり意図的に行った人事の刷新ではないかと考えている。というのは、この約1週間の間に、オバマケア改革が一旦は上院で否決され、またロシアとの協調外交を望むトランプ大統領も法案にサインせざるを得ない絶対多数で対ロシア制裁決議が議会を通過している。ロシア疑惑に関してもトランプ氏から見れば無責任とも思われるセッションズ司法長官やモラー特別検察官を解任できなくする動きも議会であった。共和党が上下両院で多数を占めているにも関わらずである。

そこでトランプ大統領は、共和党主流派との関係を一旦は整理して、全てを白紙の状態から再起動させようと考えたのではないか？

例えばワシントン・ポストが7月29日に配信した"Trump enlists Kelly to enforce order, but can the 'zoo' be tamed?"を見ても、前の主席補佐官で共和党主流派のプリーバス氏は、ホワイトハウス内部の3つの派閥(トランプ一家、バノン顧問系、共和党主流派系)をまとめられず、また議会対策にも失敗して来たようだ。

ラインス・プリーバス
元大統領首席補佐官
©WisPolitics.com
https://commons.wikimedia.org/wiki/File:Reince_Priebus_crop.jpg

　そこでプリーバス氏を解任しケリー氏をホワイトハウスに呼び込むために、最初から短い期間しか使わない前提で、スカラムーチ氏を、報道担当者に任命したのではないか？　The Hill が7月30日に配信した"Scaramucci shocker roils Washington"を見ても、選挙戦中からトランプ氏が良く使っていた"玉突き人事"である。より良い人材を得るために、今までいた人材を移動させる。ある意味では冷酷だが、それくらいでなければ米国大統領は務まらない。

　因みに The Hill が7月30日に配信した"Trump's new weapon?"を読んでも、オバマケア改革に反対した僻地出身の上院議員に閣僚を通じ、彼らの選挙区への補助金カットをほのめかしたり、あるいは The Hill が7月23日に配信した"Trump backers eye GOP primary challenges for Flake, Heller"によれば、予備選で対抗馬を立てると脅したりしたという。私の感覚では実に頼もしい、米国大統領に相応しい人物だと思う。

　最終的にはマケイン氏の反対で一票差で7月の段階ではオバマケア改革は出来なかった。やはりトランプ氏と共和党主流派の間には、どうしても溝があった。

　但し、この後に民主党からも夏休み明けには共和党と協力して医

第4章　トランプ政権を巡る人々⑵共和党関係者

療保険改革を行うべきだという議員も出てきている。（例えば The Hill の"Dems pivot to offering ObamaCare improvements"）それくらい"オバマケア"なるものは「欠陥商品」なのである。医療改革は、これからだと思う。

なおトランプ大統領は自身が力を入れたいインフラ整備や大規模減税のための財源を作るために、医療保険に投

ジョン・マケイン
連邦上院議員
©U.S. Federal Government

入される公的資金を減らしたいだけで、オバマケアの改革に拘っているのは、むしろ共和党主流派なのである。ただ中間選挙等を考えると、慎重にならざるを得ない選挙に弱い議員が上院では多かった。逆に下院では全廃を主張して来た茶会党系の影響が大きかった。それが改革を難しくした。

このような状況でケリー氏は、ホワイトハウス内派閥抗争を軍隊的な秩序で収束させるだけではなく、議会からも信頼される人柄を評価されて、主席大統領補佐官に選ばれた——と、ワシントン・ポスト前掲記事は分析している。もちろんマティス国防長官やマクマスター NSC 担当大統領補佐官等の軍出身の閣僚との関係も緊密である。

但し The Hill が7月21日に配信した"Trump hits reset button on messaging"によれば、スカラムーチ氏をホワイトハウスに呼び込んだのはクシュナー氏であり、The Hill が7月29日に配信した"GOP in shock over White House drama"によれば、ケリー氏を呼び込んだのはバノン氏だという。やはり、あの二人の間には、何らかの対立関係はあるのかもしれない。だが、その対立の結果として、トランプ政権を発展させるなら、それで良いのではないか？

ケリー氏は（スカラムーチ氏の仕事を継いで）マクマスター補佐官と協力して、ホワイトハウスからの情報リークの防止に力を入れ

た。マクマスター氏自身が、フリン前NSC担当補佐官に任命されたスタッフの解任も望んでいた。それを共に阻止していたのが、クシュナー氏とバノン氏だったが、クシュナー氏が折れて来たために、重要スタッフの解任があったという。

だが、それは未だにフリン氏と共に考えていたロシアとの協調や中東テロ支援勢力との戦いを重視するトランプ大統領やバノン氏としては面白くない。そこでポンペオCIA長官をNSC担当大統領補佐官にし、マクマスター氏をアフガンに送ることも考えているという（ニューヨーク・タイムズ "White House Purging Michael Flynn Allies From National Security Council"）

恐るべしはトランプ大統領である。彼の豪腕をケリー氏の声望が補佐する形で、米国政治が少しでもスムーズになることは望ましい。

因みにWashington Examinerが8月3日に配信した "Senate confirms 65 Trump nominees on last day before August break" によれば、滞っていたトランプ氏の指名人事も、夏休み前に65人も一気に進み、The Hillが8月4日に配信した "Trump turns on GOP Congress" でも、共和党主流派もトランプ氏との対立は得策ではないと考え、国境の壁建設関係の予算も付き始めている。

もしかしたら「ケリー効果」が出て来たのかも知れない。

（起筆2017年8月9日）

2　コーン失脚とクドロー登場、サンダースのトランプ支持とミレニアム世代のニーズ

2018年3月7日、コーン国家経済委員長が辞任を表明した時に、チューリッヒにいたバノン氏は快哉を叫んだという。なぜ彼はチューリッヒにいたのか？　それは欧州の反移民政党との協力関係を模索するためであった。

コーン氏の後任には、バノン氏とも近しかった経済面からの対中

第4章　トランプ政権を巡る人々(2)共和党関係者

強硬派のナヴァロ氏が、昇格すると言う情報もあった。コーン国家経済委員長はクシュナー氏の元上司だった関係で政権入りした人物だが、クシュナー氏の影響力低下は甚だしい。2017年12月のフリン元NSC担当大統領補佐官の証言でロシア疑惑関係で起訴される可能性が出て来ただけではなく、ロシア人大富豪が全米ライフル協会を通じてトランプ氏の選挙に莫大な献金を行った問題、中国人女性大富豪がスパイ基地ではないかと警戒されている米中親善公園をワシントンに作ろうとしている問題——等々、全てがクシュナー氏に結びついている。政権入りした後に彼の会社が莫大な借入を行ったことも問題になっている。そして2018年2月には、セキュリティ・クリアランスまで見直され、今まで出席

ゲイリー・コーン
元国家経済会議委員長
元経済担当大統領補佐官
©U.S. Federal Government

ピーター・ナヴァロ
ホワイトハウス国家通商会議
ディレクター
©White House

していた重要な外交関係の会議にも出席できなくなっている。(注:セキュリティ・クリアランスは、2018年5月に回復している)

だがトランプ政権内グローバリストのクシュナー氏が、そのような状況でも、コーン氏の後任にナヴァロ氏がなることはなかった。コーン氏と良く似たグローバル金融論者で有名な、テレビ経済番組キャスターのクドロー氏がなった。

トランプ氏としてはコーン氏の辞任と鉄鋼等関税問題で、共和党主流派との間に再び隙間風が吹いて来たので、そういう人物を選んだ面もあるだろう。しかしクドロー氏はレーガン政権の昔から、ア

ジア成長諸国との貿易赤字は、米国の国益にならないとして、非常に厳しい態度を取って来た人物でもある。

実際この後にクドロー＝ナヴァロの路線で、急激に対中報復関税等が次々と行われて行く。

またサンダース上院議員と周辺の議員が、鉄鋼等関税強化に関しては、国内雇用保護等の問題で、トランプ氏を部分的にでも支持した。

このような状況を見越したのか、バノン氏は単に中国やイランの脅威を喧伝する団体を起こすだけではなく、サンダース支持者をトランプ支持に取り込む活動も始めたいようである。例によってネットを駆使して1,000万人の支持者を集めると豪語し、またロシアとの関係改善等にも意欲的だという。

こうなると『炎と怒り』という本を契機としたバノン氏の完全失脚も、共和党主流派の目を欺くために、トランプ、マーサー両氏と裏で綿密な打ち合わせをした、"大芝居"だった可能性もあると思う。

ラリー・クドロー
国家経済会議（NEC）委員長
ⒸGage Skidmore
https://commons.wikimedia.org/wiki/File:Larry_Kudlow_by_Gage_Skidmore.jpg

バーニー・サンダース
バーモント州上院議員
ⒸU.S. Federal Governmen

前述の関税問題でトランプ氏を部分的に支持した民主党上院議員は、トランプ氏が大統領選でヒラリー氏に勝った州選出で、2018年改選の議員ばかりである。それを考えると、バノン氏のサンダース票取込み戦略は、上手く行きそうにも思える。

だが欧州の反移民極右と共闘するようなバノン氏と、サンダース氏等の極左が協力することは、人種問題からして有り得ないという

第4章　トランプ政権を巡る人々(2) 共和党関係者

のが、ワシントンの多数意見ではある。

　しかし私は、別の理由の方が大きいように思う。サンダース氏の政策は、学費無料化にしてもSingle-Pay医療保険と言われるシステムにしても、既にエリートの人が、その地位から滑り落ちないようにする意味合いが深い。どんなエリートも払いきれないくらい、米国の大学の学費は上がっているし、Single-Pay医療保険とはエリートも貧しい人も近い内容の医療サービスが受けられるという意味で、エリートに相対的に有利なものである。

　だからか彼は真に貧しい黒人等からは非常に嫌われている。キング牧師暗殺50周年式典では罵声を浴びせられ（Press Corps 4月6日配信 "BERNIE SANDERS COURTS BLACK VOTERS ANEW. BUT AN OBAMA REFERENCE STINGS."）、彼に有利そうな2020年大統領予備選に関する民主党の党則改正には黒人議員連盟等が最後まで反対した（The Hill 8月24日配信 "DNC to confront fate of superdelegates after bitter 2016 fight"）。

（余談だがPoliticoが2018年11月13日に配信した "No charges in land deal led by Bernie Sanders' wife, aide says" によれば、サンダース氏の妻が学長をしていた短大が、200万ドルの価値しかない不動産を担保に、銀行から1,000万ドルの借入を行った事件に関し、彼女は厳しい追及を受けていたが、強力な弁護団を組織して起訴を免れてしまった。私見だが仮に起訴されてサンダース氏本人が銀行に口添えしていたような事実が出たとしたら、サンダース氏の政治生命も終わりになった可能性があるだろう。）

民主党全国委員会
©Edward Kimmel
https://commons.wikimedia.org/wiki/File:DNC_Winter_Meet_1059_(32331415114).jpg

何れにしても2016年にサンダース氏を熱狂的に支持したのは、若いエリートが多かった。トランプ、バノン両氏が開拓した貧しい白人とは、支持構造が全く異なる。

　前にも書いたが今20代のミレニアム世代と言われる人々の政治的ニーズは、非常に複雑だ。〈第2章第4節参照〉そのため彼らは2016年の選挙でも70％近くが棄権している。トランプ政権成立後の幾つかの補欠選挙で、ミレニアム世代の投票で民主党の候補が共和党の候補に勝ったケースはあったものの、それは選挙区特性や候補者の問題が大きかったのではないか？

　バノン氏はかねてから、額に汗してモノつくりを行うような人々のための政党に共和党が脱皮すれば、ヒスパニックや黒人の支持も得て、100年政権も夢ではないと言っていたが、このミレニアム世代の複雑なニーズを考えると、そう単純ではないようにも思える。

　だが一つの鍵がある。ミレニアム世代は今後の人生への不安からか、共和党の支持基盤と言われる宗教保守派に改宗している人が、25％以上もいる。バノン氏の考え方の背景にも、米国なりの伝統精神と言うべきピューリタニズムがある。

　もしグローバル経済と人工知能の発達により、1％のエリートだけが豊かになり、99％の人が生活できない世の中になった時、いわゆるベーシック・インカムのような制度が導入され、99％の人も少なくとも最低生活は保証されるとする。それ自体が実現不可能だと私は思うが、実現したとして、そのような"飼い殺し"状態で、人間は精神的幸福を得られるだろうか？

　そのような"予感"もミレニアム世代の25％以上が宗教保守派に改宗している理由の一つではないか？　そこにバノン的なものとサンダース的なものとの真の接点があるように思えてならない。

（起筆：2018年3月11日）

3 ティラーソン解任とポンペオ登場の意味
　　——北朝鮮よりイラン優先路線

　2018年3月14日、ティラーソン氏が国務長官を解任されポンペオCIA長官が昇格することになった。ポンペオ氏は強硬タカ派であり、もしも北朝鮮が米国ないし同盟国の領海の近くでミサイルないし核爆弾の実験を行えば、それは米国に対する攻撃と同等に見なして、自衛権行使としての北への攻撃に積極的だとも言われていた。だが同時にポンペオ氏は国務省とは独自のルートで北朝鮮に接触していて、米朝会談を実現したのも彼だとされている。何れにしてもポンペオ氏は対北朝鮮より対イラン強硬派で有名だった。

レックス・ティラーソン
元国務長官
©U.S. Department of State

マイク・ポンペオ
国務長官
©U.S. Federal Government

　日本人は自国のことを気にし過ぎる。米国内の報道ではティラーソン解任の最大の理由はイラン核合意破棄に反対したからだという説が最有力である。ポンペオ氏がイラン核合意破棄論者なことはいうまでもない。

　イラン核合意を破棄すれば、中東での戦乱の可能性が高まる。何度も繰り返すが、軍人こそ誰よりも戦争を嫌う。部下を戦死させたくないからである。そこでマクマスターNSC担当大統領補佐官も、イラン核合意維持論者でティラーソン氏とは協力して来た。

　そこでマクマスター氏解任も時間の問題だと言われている。マクマスター氏はマティス国防長官と共にトランプ政権内の穏健派だった。ティラーソン氏も同様であり、マティス氏とはお互いに、どち

らかが辞めれば、もう1人も辞めるとう約束が出来ていたという。同じ軍人出身のケリー首席補佐官に関しても解任の噂がある。(注：実際この後に彼らは全て失脚した)

マクマスター氏の後任としては、超保守派のボルトン元国連大使の名前が取りざたされている。ボルトン氏は最近、トランプ氏と良く面会している。そして彼は最近、北朝鮮問題に関しては、米朝会談を高く評価している。

どうやら私が繰り返し主張した、イスラエルを調整役とした米露の協調が、水面下で進んでいるのかも知れない。今のイスラエルには、イランの脅威の除去が最大の懸案事項である。

実はティラーソン氏の方が親ロシア派であり、ポンペオ氏の方が反ロシア派なのだが、イスラエルというパイプがトランプ政権に出来たとしたら、ティラーソン氏の役割は終わった。それもティラーソン氏解任の遠因ではないか？

そして反ロシア派であっても対イラン強硬派のポンペオ氏の方が、対話派のティラーソン氏よりもイスラエルそして場合によっては自らの抑制が効かなくなって来たイランを警戒し始めたロシアに取っても、望ましい人選だったかも知れない。そして北朝鮮も含めた"ならず者国家"退治の代表者だったボルトン氏の最近の方針転換である。

遠くない将来に中東で大規模な混乱が起こり、それが治るまで北朝鮮は米露と協調する。そのような取引がロシアの圧力で、北朝鮮との間で出来た可能性がある。

2018年3月14日のペンシルベニア補欠選挙は、共和党の地盤の筈なのに大接戦だった。それだけ共和党は、内部分裂のために国民の支持が離れている。そうであれば米国民の意識が団結できるような戦争を起こすことは、トランプ共和党にとって一つの方法だろう。ロシアの裏側での仲介によって…。

逆にロシアは、米中双方に対する交渉カードとして、北朝鮮、イ

第4章　トランプ政権を巡る人々(2)共和党関係者

ラン、シリア等を利用している。これらの国々の核、ミサイル、毒ガス、サイバー等の技術は、ロシアから供与された可能性が高い。

そこで例えば、北朝鮮に関しては、米国にも届くミサイルを持たせない代

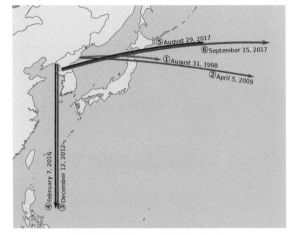

北朝鮮が発射した中距離ミサイル
©Phoenix7777
https://commons.wikimedia.org/wiki/File:North_Korean_missile_launches_over_Japan.svg

わりに、暫くは金正恩体制を温存するような話し合いも、米露間で出来ている可能性も心配される。

米朝の間で、このような決着が着くことは、日本が半永久的に数百発の北朝鮮の中距離ミサイルの脅威に晒され続けることを意味する。これは極めて望ましくない。

シリアのアサド政権に関しても、米露間で類似の話し合いが出来ているようにも思われるが、もしアサド政権が大規模に毒ガスを使ったりすれば、また話は変わってくることは、約1年前に証明されている。因みに北朝鮮は（ロシアが間に入って）シリアと毒ガス開発で協力していると言う情報もある。そのような問題を梃子にして日本は、米露と北朝鮮の間に、楔を打ち込むべきだろう。

イランと北朝鮮は、毒ガスどころか核兵器の共同開発も行っている。その問題も日本にとり、望ましくない状況に放置されないように、米国に働きかける重要な鍵になるだろう。

ポンペオ国務長官は、もともと北朝鮮強硬派だった。今後の米朝関係も、どう展開するか分からない。また米朝露の協調は力のバランスからして中国に脅威なので中国の妨害が始まるかも知れない。
　そうなれば、また話は変わって来る。タカ派のポンペオ新国務長官に期待したい。

（起筆：2018年3月14日）

4　ボルトン国家安全保障担当大統領補佐官とは誰か？

　2018年3月22日のマクマスター氏解任に伴い、国家安全保障担当大統領補佐官になるボルトン氏は、ネオコンの代表者のように思われている。ネオコンとは、民主党がベトナム反戦運動の影響で軟弱化し、"戦争をしてでも世界に自由、人権の理想を広める"という本来は民主党の行き方を余りしなくなったため、共和党に移籍して来た

ジョン・ボルトン
NSC担当大統領補佐官
©U.S. Federal Government

人権左翼のことを言う。ところがボルトン氏は、学生時代の1964年——つまり民主党軟弱化の前に、共和党の超保守派ゴールドウォーター氏の大統領選挙を手伝っている。そこで彼は、"ネオコン"と呼ばれることを嫌っているという。
　実際、米国の政治家を軍事積極＝軍事消極、対外関係重視＝対外関係軽視の二つの軸で分類すると、今では多くの共和党政治家が軍事積極＝対外関係重視なのに対し、むしろボルトン氏は軍事積極＝対外関係消極に分類されるという。つまり米国に危険な勢力除去のためには、軍事力の行使も辞さないが、そうでない場合は、米国外の問題への関与には、消極的ということだろう。
　何れにしてもネオコン独特の"戦争をしてでも世界に自由、人権

第4章　トランプ政権を巡る人々(2) 共和党関係者

の理想を広める"という考え方を、余りしていないと言われている。彼は確かにイラク戦争の主導者だった。それは当時のイラクが軍事および資源や金融の問題で、米国に危険な国だったからだろう。

　例えばボルトン氏は、国内の人権状況には確かに問題の多かったエジプトのムバラク政権の温存を主張した。中東と世界の安定のために、必要と考えたのだろう。そのムバラク政権を無責任に倒し、その後のISの台頭も含む中東の大混乱を招いたのは、オバマ氏とヒラリー氏ではないか！

　このような考え方は、共和党の伝統的な孤立主義に近い。そこでボルトン氏は、確かにネオコンと言われる人々とも親しくないわけではないが、むしろ共和党主流派に支援されていた。

　余談だが今までの印象を別にすれば、ボルトン氏はトランプ政権では珍しいくらい、ワシントン政治のベテラン的な人物なのである。司法省、国務省での経歴も立派なものなら、共和党関係者の中でも珍しいくらいの学歴エリートである。そのために学友だけでも錚々たる人々がおり、なんとクリントン夫妻まで入っている。

　そこで共和党主流派に推され、ブッシュ二世政権の第二期で国連大使になれた。だが彼は天才的人物である分、確かに紙一重の部分もある。その部分が共和党の一部にまで誤解されたことと、2006年の中間選挙で上院の多数派を民主党に奪回されたため、国連大使を4年勤めることは出来なかった。

　だが、それ以前に彼は、国務省や司法省に何度も勤務しているが、彼の側の問題で解任されたことはない。むしろ彼を良く知る人の間では、"誤解され易いだけで良い友人"といった評価もある。

　このように実は協調性にも富み、また本来の共和党ないしトランプ氏の孤立主義外交に近い考え方の人物なので、バノン氏が最初は彼を外交関係高官としてトランプ氏に推薦した。だが、トランプ氏としては当初は政権の安定が重要と考え、共和党の一部からまで誤

解されている彼の重用を見送ったらしい。

　しかし、ボルトン氏登場前後の状況を見ていると、確かにトランプ政権は、戦時モードに突入しているようだ。そしてティラーソン氏の解任とポンペオ氏の昇格に関しては、イラン核合意破棄シフトであるように米国メディアの論調から読み取れる。北朝鮮シフトではない。

　だがボルトン氏の国家安全保障担当大統領補佐官指名以来、米国メディアでも北朝鮮有事を起こされることを憂慮する声が上がってはいる。しかしボルトン氏は最近、何度か米朝首脳会談を肯定的に評価するような発言もしている。もちろん彼も、イラン核合意破棄論者であることは言うまでもない。

　何れにしてもボルトン就任の時点で、私は中間選挙ないし2020年の大統領選挙までの間に、何らかの有事があるとしたら、それは中東だろうと考えた。それも例えばイスラエルやサウジがイランを攻撃し、それを米国が支援する形になるかも知れない。今サウジアラビアは核武装を主張し始めている。一方、北朝鮮や中国との本格的な武力衝突等は、もう少し後になるのではないか？

　但しボルトン氏は台湾への米軍駐留を主張しており、最近米国と台湾は接触を深めている。中国への経済制裁は言うまでもない。トランプ政権の後期には、日本にとって危険な国々を、米国が処分してくれるという期待を持ち得るとは思う。

　そうだとしても、ボルトン氏は、トランプ氏に対して、トランプ氏の望まない戦争を起こしたりはしないと誓った。ボルトン氏は今まで、上司との関係は常に良好だった。ボルトン氏のために必要以上の大規模な戦争が起きるのではないかというのは、リベラル派メディアの作り出した幻想による杞憂ではないか？

（起筆：2018年3月26日）

第4章 トランプ政権を巡る人々(2) 共和党関係者

5 新司法長官とロシア疑惑

トランプ大統領は2018年中間選挙の直後にセッションズ司法長官を事実上解任した。APが2018年9月4日に配信した"Trump attacks Sessions, suggests DOJ hurt GOP in midterms"によれば、セッションズ氏は政権移行期にロシア筋と接触していた関係で、自らロシア疑惑の捜査から身を引いていただけではなく、中間選挙の直前に共和党の有力下院議員が二人も、政治資金等の問題で起訴される事態を防げなかった。このような起訴は普通、選挙の後に行われるのではないか？つまり司法省は民主党ないしクリントン陣営に乗っ取られたも同然であって、それを掌握し切れていなかったセッションズの解任は当然だった。

ジェフ・セッションズ
元司法長官
©U.S. Federal Government

この二人の共和党下院議員の起訴までは、セッションズ氏は共和党の元有力上院議員であり、不法移民対策等には力を入れていたので、共和党主流派も庇って来たのだったが…。

代わって司法長官に指名されたのがVOXが12月7日に配信した"William Barr, Trump's pick for attorney general, will hold the fate of the Mueller probe"によれば、ウイリアム・バー氏である。

バー氏はブッシュ一世時代の後半に、司法長官を務めたことがある。その時にレーガン時代からもつれていた

ウイリアム・バー
司法長官
©U.S. Federal Government

69

イラン＝コントラ疑惑を、特別検察官を解任しないまま、関係者の特赦を連発して、うやむやにしたことがある。

同氏はセッションズ氏とは条件が違うので、モラー特別検察官の訴訟等を、指揮することが出来る。

また同氏は、コミー前FBI長官がトランプ氏に解任されたことに関しては、コミー氏は2016年にヒラリー氏の電子メール問題等への捜査が不十分だったから当然と擁護している。逆にヒラリー氏に関しては、同問題やウクライナ危機以前に米国のウランの20％を国務長官としてロシアに売った問題等で、特別検察官を任命して捜査するべきと主張して来た。そしてモラー氏周辺に、余りにヒラリー氏関係の人々が多いことも批判して来た。

シカゴ・トリビューンが12月13日に配信した"Mueller's handling of cooperating witnesses suggests Russia probe may be winding down"によれば、トランプ氏の個人弁護士だったコーエン氏、大統領選期間中に一時的に選対本部長だったマナフォート氏そして初代NSC担当大統領補佐官だったフリン氏の何れにしても、"ロシアとの選挙協力"とは別の、脱税や偽証の容疑で

ロバート・モラー
第6代FBI長官
特別検察官
©U.S. Federal Government

マイケルコーエン弁護士
©IowaPolitics.com
https://commons.wikimedia.org/wiki/File:Trump_executive_Michael_Cohen_012_(5506031001)_(cropped).jpg

ポール・マナフォート
ロビイスト、弁護士
©VOA

第4章　トランプ政権を巡る人々(2) 共和党関係者

告訴され司法取引に応じている。

だが司法取引に応じた筈のコーエン氏が禁錮3年の刑になったためか、マナフォート氏もフリン氏も、2019年1月末現在、司法取引の見直し中である。

なおコーエン氏の容疑の一つは、トランプ氏と特別な関係にあったことを大統領選挙中に公言すると言って、トランプ氏を脅迫したAV嬢への口止

マイケル・フリン
元 NSC 担当大統領補佐官
©Defense Intelligence Agency

め料を、大統領選挙の選挙資金から出した政治資金規制法違反もあるのだが、FOXが12月14日に配信した"Cohen Doesn't Seem to Understand the Difference Between 'Wrong' and 'Illegal'"によれば、これはトランプ氏にとって道義的に問題あっても法的に問題はなく、同じFOXが12月12日に配信した"Trump Won't Be Impeached Unless 'Massive New Information' Comes Out"によれば、大統領弾劾の要件にはならないという。

(吉川補足：USA Todayが2019年2月27日に配信した"Michael Cohen's testimony isn't delivering 'earth shattering' damage to Donald Trump"によれば、コーエン氏は同日に議会で証言したが、

1．トランプとロシアの選挙協力の具体的証拠を提出していない。
2．(後述の)ストーン氏がWikiLeaksと接触することをトランプ氏は2016年7月に知っていたと述べたが、WikiLeaksはヒラリー選対の電子メール等を暴露することを、6月には公表していたので意味を成さない。
3．トランプ氏が書いた小切手を提出したが、それが政治資金規正法違反等違法性のあるものと、同氏が認識していた証拠もない。

等の理由で、この証言には意味はないと主張している。しかも同証言をセットしたコーエン氏の知人弁護士は、ヒラリー氏の友人

だった！そのためか The Hill が3月2日に配信した "Poll finds 37 percent found Cohen testimony credible" によれば、このコーエンの証言を信用できると考えている登録有権者は37％に過ぎない。）

また WSJ が12月12日に配信した "The Flynn Entrapment" によれば、フリン氏の FBI に対する偽証なるものが、

1．ロシア疑惑に関係する重要な取調べである（事実と違うことを言えば偽証罪になる）ことを告げられていない。
2．弁護士の同席もない。

そして取調官の一人のストロック氏と指示をした当時の FBI 副長官マケイブが後に解任されていることから、とても信憑性のないものだと書いている。ストロック氏に関しては後述する。

マケイブ氏に関してはヘリテージ財団が2017年12月13日に配信した "Comey Continues to Display His Lack of Credibility" によれば、コミー氏によりヒラリー電子メール問題を調査するよう命じられた直前、彼の妻はクリントン家と関連した政治団体から選挙資金として、ほぼ50万ドルを借りてバージニア州議会選挙に出ている。

アンドリュー・マケイブ
元FBI副長官
©U.S. Federal Government

そしてワシントン・タイムズが12月12日に配信した "A tale of two Trump comrades" の中にもあるように、FBI は2016年半ばから、ヒラリー氏からの依頼でトランプとロシアとの間に共謀があるように書かれた捏造と思われる文章――スティール文書に基づき、トランプ氏の選挙関係者を盗聴していたのである！　しかも The Hill が8月28日に配信した "Republicans ready to grill Bruce Ohr as Trump-DOJ feud escalates" によれば、このスティール文書を作成した Fusion GPS という会社の幹部の中に、なんと司法省高官ブ

第 4 章　トランプ政権を巡る人々(2) 共和党関係者

ルース・オー氏の妻がいた！

　NBCが12月9日に配信した"Comey says he launched probe into Clinton email leaks before he was fired"によれば、コミー前FBI長官は、2018年12月7日に行われた議会証言で、以上のようなことの大筋を認めただけではなく、

ジェームズ・コミー
第7代FBI長官
©U.S. Federal Governmen

1．ヒラリー氏の電子メール問題に関する調査は中途半端に終わっている。(The Hillが12月7日に配信した"Judge suggests Justice, State colluded to protect Hillary Clinton in email scandal"によれば、これらの電子メールには、やはりベンガジ問題その他の重大な国家機密が含まれていた可能性が低くない。

ヒラリー・クリントン
元米国国務長官
©U.S. Department of State

FOXが12月14日に配信した"'Better Late Than Never'"によれば、ヒラリーが国務長官当時、ビル・クリントン氏は2回の講演で60万ドルを得ている。私見だが、その講演の話のネタに、電子メールで持ち出された国家機密があったのではないか？)

2．その問題にも関連してトランプ陣営に偏見を持っていたストロック氏とページ氏という二人のFBI捜査官の影響が色々な意味で大きかった。(Federalistが12月13日に配信した"DOJ Destroyed Missing Strzok/Page Text Messages Before The IG Could Review Them"によれば、この二人の間のテキスト・メッセージによる連絡記録は、完全に消去されてしまっている)

と述べている。これではコミー氏がFBI長官を解任されても当然だったのではないか？

何れにしても"ロシア疑惑"とは以上のように、トランプ氏の疑惑というよりもヒラリー氏の疑惑の方が大きい。バー新司法長官の活躍で、それらの疑惑が明るみに出ることを願って止まない。

だがFOXが2019年1月15日に配信した"Trump Attorney General nominee Bill Barr ― Swamp master or destroyer?"によれば、同日にバー氏に関する承認公聴会が上院で開かれたものの、バー氏の前記のようなモラー特別検察官批判を問題にする民主党のために、承認が進まない可能性があると言う。バー氏とモラー氏は、相互に子供の結婚式に出席するほど親しいにもかかわらずである。

この公聴会でバー氏は、モラー特別検察官の調査は、最後まで成し遂げられ、その内容も公開されるべきだと言った。それは民主党の反対をかわすためだけではないと思われる。

Washington Examinerが1月14日に配信した"Draft of Mueller's final report says Trump helped Putin 'destabilize' the US"にもあるように、その数日前からニューヨーク・タイムズやワシントン・ポストは、トランプ氏がロシアの強い影響下にあったというFBI防諜部のレポートの内容を報道している。私見だが、これはトランプ氏の立場を悪くするための悪意あるリークではないか？ FBIが自らの不正をトランプ政権に暴かれるのを防ぐための…。

そして同じFOXが1月25日に配信した"Roger Stone vows to fight charges in Mueller probe, calls indictment 'politically motivated'"によれば、トランプ氏の選挙参謀だったストーン氏が、同日モラー特別検察官に、WikiLeaaksとの接触時期等に関して議会で偽証した疑いで起訴されたが、ストーン氏は冤罪として最後まで闘う覚悟だという（吉川補足：ストーン氏が自宅で逮捕された時、近くにCNNの取材班がいた。このような偶然があるだろうか？

第4章 トランプ政権を巡る人々(2) 共和党関係者

やはり CNN とは Clinton News Network なのである！)。

更に Washington Examiner が1月25日に配信した "Steve Bannon is Trump official cited in Stone indictment" によれば、モラー特別検察官は、ストーン氏を WikiLeaks に接触させた"教唆犯"として、バノン氏を追及するつもりらしい。

このような特別検察官や司法省ぐるみの陰謀の真実を明らかにすることを、バー氏は重視しているのではないか？　そのためにモラーのレポートは、完成されるべきと言っているのではないか？

そして、そのようなバー氏の"特別検察官の調査を守る"旨の発言が功を奏したのか、The Hill が2月14日に配信した "Senate confirms Trump pick William Barr as new attorney general" によれば、結局は民主党からも3人の賛成者が出て、バー氏は同日に正式に上院で司法長官として承認された。民主党から賛成に回った3人は、いずれも共和党の強い州で当選した選挙に弱い人である。

逆に共和党からは、ポール上院議員が反対に回った。その理由はバー氏が捜査令状のない監視を支持していることだった。(吉川補足：他にバー氏は前に司法長官だった時、地方刑務所での暴動をFBIを使って鎮圧したこともある)。これは私見では、非常に頼もしい司法長官になれる証のように思う。

何れにしても The Hill 前掲記事時では、ローゼンスタイン司法副長官が、コミー氏解任直後に、ホワイトハウスを盗聴して、その内容に基づいてトランプ政権の閣僚の半分を説得し、米国憲法修正第25条に基づいて、トランプ氏解任の陰謀を企んだことが、マケイブ氏が近日発売予定の本で明らかにされていると報じている。

ロッド・ローゼンスタイン
司法副長官
©U.S. Federal Government

そのような諸件の影響か、2月18日にローゼンスタイン氏は、3月中旬に退任することを表明。翌2月19日にThe Hillが配信した"Trump nominates Jeffrey Rosen to replace Rosenstein at DOJ"によれば、トランプ大統領は後任として、今は運輸副長官のローゼン氏を充てる意向だという。ローゼン氏はバー氏と同じ弁護士事務所に勤めていたことがあり非常に親しい。

　このような布陣により反トランプ派に乗っ取られていた司法省が正常化され、ロシア疑惑に関する全ての真実が明らかになることを、重ねて祈って止まない。

（起筆：2019年1月31日）

追記：ワシントン・ポストが2019年1月27日に配信した"Americans support investigating Trump, but many are skeptical that inquiries will be fair, new poll finds"では、ABCと同社が1月21日から24日にかけて行った世論調査によると、民主党支持者でも3割以上、無党派層の5割以上、共和党支持者では8割近くが、モラー特別検察官（が提出予定の報告書）を信用していない。トランプ氏の弾劾手続きを始めることに、2018年夏には46％の人が反対していたが、この調査の時点では55％の人が反対。但し民主党支持者では同じ55％の人が弾劾手続きを強く支持していて、これは民主党を難しい状況に追い込む可能性がある（吉川補足：弾劾手続きを行うかどうかを巡って、世論に配慮する人と支持者の意向に配慮する人とで、党がまとまらなくなる）。また6割の人がロシア疑惑その他の調査は議会（民主党）に期待しているが、約半数の人が民主党の行き過ぎを心配している。

第5章
トランプ政権の外交(1)
全世界的展開

1 トランプ・ドクトリン
──トランプ大統領初外遊の成功

2017年5月に行われたトランプ大統領の初外遊に関し、米国の主として保守系メディアの論調を紹介したい。

まずトランプ大統領の片腕バノン戦略顧問が実質的に経営するBreitbartは、5月21日に配信した"Trump, Unlike Obama, Addressed 'Islamic Terror' Directly"の中で、オバマ大統領の"欧米の植民地支配等がテロを生んだ"といった「弱腰」な姿勢を厳しく批判し、それに対して"イスラム過激派テロとの戦い"を強く宣言したトランプ大統領を、当然のように賞賛している。

このようなオバマの姿勢に関する認識は、リベラル派にも共有されているようだ。CNNが5月27日に配信した"President Trump passes his first test on the world stage"の中で、トランプ氏の姿勢を"オバマ時代のように「後ろからリードする」のではなく、明確な国益に基づく、より伝統的な米国の外交政策への復帰"であると述べている。それはNATO同盟の強化も含み"ヨーロッパでトランプ氏は、決して愛されないだろう。だが、NATO同盟の強化も含む米国の利益を本気で守るビジネスマンであると、徐々に認められて行くだろう"とも述べている。

そのため"疑う余地なくテロ対策も含んだ相互の集団自衛を明記した

NATOサミット (2002年)
©U.S. Federal Government

NATO条約第5条を支持する強い宣言と、さらなるNATO拡大に対する支持と、バルト三国へのロシアの侵入等に対してはっきりした警告を鳴らして、NATO本部でのトランプ氏の意見は、より強硬だった"と述べており、その結果NATO諸国は軍事費をGDPの2％にするという約束を、守る方向になるだろうとも述べている。

ただ私見だが、対ロ強硬姿勢を打ち出したことは、米国内のロシア疑惑を解消に向かわせる作用は期待できるが、対ロ協調路線の主導者の一人であるバノン顧問の立場を苦しくするものである。そこでDaily Beastは6月1日に配信した記事中で、パリ協定からの離脱はバノン氏の勝利だと述べている。ライバルのクシュナー氏が再交渉論者だったので、バノン氏に花を持たせたと言いたいのだろう。

バノンとクシュナーは対立しつつ協力してトランプ政権を盛り上げて行かざるを得ない。今回のパリ協定からの離脱も自動車産業等の従来産業で働く貧しい白人の雇用を考えると悪いことではない。まして米露協調は中国やイスラム過激派への対策上も重要である。

そのイスラム過激派への対策に関してもCNNの前掲記事は語っているが、中立系The Hillが5月30日に配信した"Why Trump's first trip abroad was a success"の中で、NATO問題に関してもCNNと同様に語ると同時に、イスラム過激派対策というか中東情勢に関しても、トランプ氏は今まで誰にも出来なかったイスラエル＝パレスティナ問題を解決できるかもしれないと書いている。それはシーア派の有力国のイランを共通の敵にすることで、イスラエルとアラブ諸国が和解する方向に持って行くことが出来るかもしれないという考え方にもとづく。

以上のまとめとして、米国の保守派の知性を代表するワシントン・タイムズは、5月30日に配信した"An emerging Trump Doctrine"の中で、トランプ大統領の一連の発言や行動を、ソ連を「悪の帝国」と決め付けて瓦解に追い込んだレーガン・ドクトリンと比較して"ト

第5章　トランプ政権の外交(1) 全世界的展開

ランプ・ドクトリン"と述べている。

ただ同記事を良く読むと、トランプ・ドクトリンなるものは、レーガン・ドクトリンよりも、複雑な性格を持つものである。ちょうど世界をチェス盤に見立てた複雑なチェス・ゲームのようなものと、同紙は言いたいようである。だが、それに対してトランプ氏は、首尾一貫した戦略があり、それは4つの要素から成ると言う。

ミハイル・ゴルバチョフ書記長と握手をするロナルド・レーガン第40代米国大統領
©U.S. Federal Governmen

第一は、米国の利益になる多国間経済協定の再構築である。

第二は、米国の軍事力行使は道義的目的で行われなければならないというものである。シリア空爆、空母による北朝鮮威嚇そして南シナ海での「航行の自由」作戦の再開。全て化学兵器や核兵器の使用そして航行の自由の妨害といった非道義的行動への対抗である。

第三は、米国の経済的優位を駆使した安全保障戦略である。中国を為替操作国に認定しない代わりに北朝鮮に圧力を掛けさせる。サウジに貿易協定と引き換えに中東の安全保障に今までより深く関与させる。いずれも画期的な発想転換であると、同紙は述べている。

第四が、予測不可能性を利用した予測可能性の回復である。自らが予測不可能な動きをすることで、予測不可能な動きをする相手に、予測可能な世界を再評価させるというものである。

この第四は、まさにトランプ大統領の真骨頂である。「反理性」主義的思考と言っても良いだろう。これを駆使して彼は、誰も予測しなかった形で大統領になった。そして新しい秩序を形成しようとしている。このトランプ氏の予測不可能性を予測できるようになること。それが今後の日本にとり不可欠なものだろう。

（起筆：2017年6月2日）

2 テロ集団撲滅のため、アフガンに民間軍事会社を派遣せよ！

　トランプ大統領は2017年8月21日、アフガン戦争に関する今後の方針を発表した。その内容を箇条書きで解説すると…、
1．自分はアフガンからの撤退論者だったし今も同様である。
2．だがアフガンの状況が悪化しており、このままではテロリストの巣窟になる。
3．そこで今まで以上に積極的な関与が今は必要かと思うが、具体的に何をするかは今の段階では明らかにしない。

　この最後の問題に関しては、アフガンに安定した民主主義国家を作るという今までの方針は、却ってテロリストを有利にさせて来たので、今後はテロリストとの戦いに重点を置くということは言っている。そのためにマティス国防長官は、4,000人の兵員の増派を考えているという（The Hill 8月21日配信 "Trump ramps up war in Afghanistan, rejects timetables"）。

　つまりマティス氏、マクマスター氏といった軍出身の「現実主義者」の政権内政治の勝利と言える。これはバノン顧問解任の原因ないし結果とも思われる。バノン氏はアフガンへの米国正規軍増派は、トランプ氏の公約違反になるとして反対していた。

　そこでバノン氏が考えたのが、正規軍ではなく、民間軍事会社を同国に派遣することだった。7月の時点では「現実主義者」側の中心人物クシュナー顧問も、同意していた筈だった。既に民間軍事会社DynCorpは国務省から25億ドルを得てアフガン警察の訓練をおこなっており、それは危険で高価な米国正規軍によるアフガン政府

ジェームズ・マティス
第26代米国国防長官
©U.S. Federal Government

第 5 章　トランプ政権の外交(1) 全世界的展開

軍への訓練にも応用可能だという。そして米国政府関係者の言葉として"正規軍より安く優れている"と述べている。(ニューヨーク・タイムズ 7 月 10 日配信 "Trump Aides Recruited Businessmen to Devise Options for Afghanistan")。

だが Daily Beast が 8 月 21 日に配信した "Team Trump Worried He'll Change His Mind Again on Afghanistan War Plan" によれば、既にアフガンでは 2 万 3,525 人の民間業者が米軍をサポートしているが、その内 8,000 人がロジスティックやメンテナンスに従事していて、そのような業務は正規軍兵士に行わせた方が、3 分の 1 の予算で出来るという。だが同時に正規軍が増派されれば、結局このようなサポート業者も増やさざるを得なくなり、より予算が掛かるとも示唆している。

ハーバート・マクマスター
元 NSC 担当大統領補佐官
©U.S. Federal Government

つまり正規軍のサポート業務を行わせていると、却って予算が掛かる。アフガン軍の訓練や、まして戦闘自体を民間軍事会社に委託したとしたら、安価で効果的な活動が行えるのではないか？　実際に 90 年代のシェラレオネ紛争では、国際社会の介入が失敗した同

米国ノースカロライナ州で行われたブラックウォーター USA による訓練
©MaxMercy
https://ja.wikipedia.org/wiki/ ブラックウォーター USA#/media/File:Handgun_training_in_North_Carolina.jpg

紛争を、民間軍事会社が見事に解決した。その代わりに同社は、シェラレオネの鉱山の権利の一部を貰った。

実はDaily Beast前掲記事によれば、バノン顧問は、アフガンで戦った民間軍事会社に対して、報酬としてアフガンの鉱山の権利の一部を与えることも考えていた。それも軍部が強く反対した理由の一つだった。しかし前述のような前例もあるのである。

さらに奥の深い問題もある。バノン氏が契約を考えていた民間軍事会社社長プリンス氏は、トランプ政権の教育長官デヴォス氏の兄弟である。デヴォス氏は全米有数の資産家で、トランプ政権入りする前から、画一的公立学校に代わるチャーター・スクールと呼ばれるものの全米での育成のため、巨額の寄付を行って来た。教育長官になっ

ベッツィ・デヴォス
米国教育長官
©U.S. Federal Government

た後も、このチャーター・スクールや私立学校に、公立学校から予算を振り替える政策を行おうとしている。これは一見"金持ち優遇"のように思われ共和党内からも反対が多いが、ビル・クリントン氏も重視したバウチャー制度と呼ばれる一種の奨学金制度の拡充等とセットにしようと考えられていて、画一的な公教育とは違う真に良い教育を、多くの子供に受けさせられるものだと思う。

またトランプ氏はテロ対策の生体認証の正確性や、サービスの向上等の目的のため、全米の空港の管理を民営化させる方針である。

"公"より民間の方が良い仕事が出来るようになったら、それまで"公"が行って来た仕事を民営化する。それが1980年代以来のトレンドである。軍事も無関係ではない。そのような流れを完成させることが、トランプ政権の歴史的使命なのだろう。

上述のようにマティス氏等の計画通り正規軍を増派しても、メン

第 5 章　トランプ政権の外交⑴ 全世界的展開

テナンス等を委託する業者も増やさざるを得ず、結局お金のロスは発生する。Daily Beast の前掲記事によると、既にアフガンで活動している 2 万 3,525 人の民間業者の内 1,695 人が武装警備業者だと言う。

そういった人々も正規軍を増派すれば、正規軍の基地の防護等のため増員せざるを得なくなる。米軍基地がアフガンでゲリラに攻撃されたりした時、正規軍と武装業者の、どちらが効果的に戦えるか？

そのような"自由競争"が、これから始まるのかもしれない。

（起筆：2017 年 8 月 22 日）

3　トランプ大統領の「反理性」主義的（地政学的）外交

トランプ大統領は 2018 年 7 月中旬に欧州を歴訪し、NATO 会談、米英会談、米露会談と、精力的な外交をこなした。長年の同盟国であった NATO 諸国には、軍事費増額を迫って反感を買った。

英国でも、最終的には米英経済協定を結ぶことに関して合意を取りまとめたものの、その途中の駆け引きでメイ首相のソフトな Brexit 政策を批判したため、やはり反感を買った。

逆に冷戦時代以来のライバルであり、クリミア問題等で対立し続けるロシアのプーチン大統領とは、非公開会談で協力関係を模索した。

テリーザ・メイ
第 76 代英国首相
https://commons.wikimedia.org/wiki/File:Theresa_May.png

これらには戦略性を欠いた思いつきの外交という批判も多い。しかし、そこで言う"戦略性"とは、理性主義的な外交政策のようなものを言っているのだと思う。それが行き詰まり、米国外交が国益の実現に失敗して来たために、トランプ政権が出来た――つまり理性以前の直観を重んじるトランプ氏の才能が必要とされたのではなかったか？

ではトランプ氏の「反理性」主義的外交とは、どのようなものか？それは地政学的外交政策であると言って良いのではないか？

地政学とは、人類の歴史と外交を、地理的条件から考える行き方である。ユーラシア大陸の中枢部——今のロシアの領域の辺りは、うまく開発すれば資源も豊富で、また海から攻撃を加えることが内陸過ぎて非常に難しい。逆に日米英は島国か巨大な島国として、海洋を通じて発展して行くしかない。

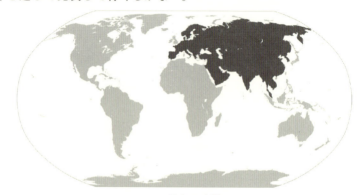

ユーラシア大陸
https://ja.wikipedia.org/wiki/ファイル:LocationEurasiaWithoutIslands.PNG

この二つの勢力が、ユーラシア大陸辺縁部の利権を巡って抗争を続ける。人類の歴史は、その繰り返しだった。これからも世界の外交は、この抗争を基本に行われる。以上が地政学的思考である。

この考え方は理性主義からすると単純すぎる考え方かもしれない。だが理性主義以前の人間の直観からすると、非常に本質を突いた部分も大きい。トランプ氏は彼独特の直観——「反理性」主義——で、この方向で米国外交を再建しようとしているのではないか？

実際、今までの米国は、ユーラシア大陸辺縁部に深入りし過ぎた。欧州大陸防衛のために多額の軍事費を使い、中国でのビジネスに深入りした。それは米国の国力を疲弊させ、中国を恐るべき経済、軍

第5章　トランプ政権の外交⑴ 全世界的展開

事上の敵に育ててしまった。

　それはロシアが閉鎖的計画経済の国家であり、それをユーラシア大陸辺縁部に軍事力で布教しようとしていた時代には、"ソ連封じ込め"のために必要だった。だがソ連崩壊で事情は大きく変わった。

　ロシアは自由経済の国として天然資源を積極的に輸出しており、また徐々に投票による民主制も時間は掛かっても定着しつつある。それに対し中国は、社会主義独裁のままである。欧州大陸は防衛面では米国頼りのままにも関わらず、その米国がシェール石油の輸出国になろうとしているのに、ロシアの天然ガスを購入し続けている。中国も欧州も、冷戦時代以来の経緯から、米国に不公正な貿易政策等を行い続けている。

　これは米国外交の失敗以外の何物でもない。そこで取り敢えずは日米英海洋勢力だけの団結を深め、ロシアの部分的な協力を得て、欧州も中国も挟み撃ちにして、米国の国益を回復する。それがトランプ大統領の戦略と考えて良いだろう。

　TPPに代わる日米FTAや米英経済協定を急いでいるのは、海洋勢力団結を促進するためだろう。ロシアは冷戦終結の痛手から完全に回復しておらず、兵器と天然資源以外の産業は弱体のままであり、米国が産油国になりつつある現状では、価格調整の面も含めて、米国にとり決して協力することが不自然な国ではない。

　そう考えると米露協調は、米国と強い絆を再建するならば、英国や日本に対しても、メリットが大きい筈なのではないか？

　にも関わらず米国内では、米露会談の前後にモラー特別検察官等により、ロシア政府関係者が、2016年米国大統領選挙への介入疑惑で起訴され、そのためトランプ大統領によるプーチン大統領ワシントン招待計画は、中間選挙以降に延期されてしまった。これはワシントン内における民主党を中心にした理性主義者の、「反理性」主義的（地政学的）外交に対する妨害以外の何物でもない。

理性主義的な計画により人間の社会を、より良いものにし、例えば貧富の差のない社会を築けるという考え方には、一つの前提があると思う。それは人間の理性主義的な計画の必要に合わせて、天然資源が無尽蔵に出て来る――という発想である。この考え方は1970年代の石油危機により否定された。そのためソ連型社会主義もケインズ型資本主義も破綻した。

　そこで仮に貧富の格差が拡大しても、市場メカニズムに全てを任せないと資源の有効活用が出来ないという発想が復活し、レーガン革命以降の新・資本主義が世界の主流になった。いわば理性主義的な経済学以前の、"見えざる神の手"への「信仰」への回帰である。

　それは海洋（自由）貿易で発展して行くしかない日米英の、独壇場になる筈だった。だが欧州、中国、中東諸国等は、ソ連包囲網が必要だった時代以来の米国の好意に甘え、市場を閉鎖して来た。

　それを日米英の協力と（経済的に弱体化した）ロシアの部分的な協力を得て、こじ開けようというのがトランプ外交の真髄と思われる。それに何故、理性主義者達が反対するのか？

　その理由はユーラシア大陸辺縁部の資源へのアクセスを有利に行えば、理性主義による計画に基づいて貧富の差等のない理想社会を実現できるという「迷信」に、未だに取り憑かれているからだろう。

　そのためにはロシアを恐怖の仮想敵に仕立て上げ、その恐怖からユーラシア大陸辺縁部――欧州、中国、中東諸国等を恐れさせ、米国が当該地域の資源にアクセスし易くする必要がある。それがワシントンの理性主義者達が、トランプ大統領の地政学的外交に反対し、トランプ大統領とロシアとの協力

フィンランドのヘルシンキで会談を行ったトランプ大統領とプーチン大統領
©Kremlin.ru

第5章　トランプ政権の外交(1) 全世界的展開

を、ロシア疑惑を捏造してでも妨害したい理由ではないか？

　確かに、市場メカニズムに基づいた所謂グローバル経済は、米国を中心に貧富の格差の大きい社会を作りつつある。だが、その格差は欧州、中国、中東諸国等が、ソ連包囲網時代以来の米国との関係に甘え、市場メカニズムに否定的な、規制の多い貿易慣行を行った為、米国が一方的に不利になったことにも一因があるように思う。

　トランプ大統領は、それを抉じ開けようとしているのである。そして市場メカニズムを決して否定しない関税等の形で、グローバル化すなわち国際的な貧富の格差の拡大に、ブレーキをかけようとしている。そうして欧州や中国の多くの規制等を撤廃させ、あるは米露に比して強すぎる中東諸国の資源の価格調整を打破し、より海洋（自由）貿易＝市場メカニズム的世界を実現すべき時が今だろう。それが実現することを、一日本国民として願って止まない。

（起筆：2018年8月14日）

4　トランプ大統領国連演説の意義
　　――対イラン戦争は、起こるか？

　トランプ大統領は2018年9月24日、国連総会で演説した。それに関してはヘリテージ財団が9月25日に配信した"7 Top Takeaways From Trump's UN Speech for Friends and Foes Alike"が、最も良くまとまっていると思うので、同報告とネットで読める演説全文を参考に以下に解説してみよう。

1．米国経済は好調であり、株式市場は史上最高、失業保険受給申請は過去50年来最低――特にマイノリティの失業率は過去最低で、400万以上の新しい雇用（50万の製造仕事を含む）が増えた。そして国家安全保障も、望ましい方向に向かっている。
2．例えば北朝鮮との非核化交渉も進み、北朝鮮はミサイルや核の実験を停止している。それは自分の掛けた圧力の影響もあった。

3．同じように圧力をかけてベネズエラも民主化したいので、特に南米諸国に協力を求める。同国の社会主義は、石油輸出国である同国経済を破滅させ、200万人もの難民を流出させている。

4．だが米国は new global compact on migration には入らない。移民、難民問題は危険薬物の問題とも関係して、非常に悪影響が大きく、米国は自らの主権を守るためにも単独で対処する。〈この危険薬物の問題は非常に重要であり稿を改めて詳述する。〉

　同様に米国は主権を守るため、全てのグローバリズム思想を拒絶し、国際刑事裁判所には今後も関わらず、また国連が効率的な組織に改革されるまで、PKO 分担金は 25％以上は払わない。国連人権理事会も、諸改革が行われるまで戻らない。NATO にもコスト分担を求める。

5．同様に中国が世界貿易機関に加わったあと、米国は 300 万の製造業と、およそ 4 分の 1 の鉄鋼業の雇用と 6 万の工場を失い、累積貿易赤字は 13 兆ドル、知的財産権も無視されている。そこで中国製品に総額 2,500 億ドルの関税を掛ける措置を取った。

6．OPEC が石油の値段を吊り上げていることと、ロシアの石油に一部の欧州諸国が過度に依存していること――は望ましくなく、米国は今後シェール石油の輸出で対抗して行く。

7．イランはオバマ政権時の核合意成立後に 40％も軍事費を増やしており、テロの支援やミサイル開発等も止めていない。そこで自分は核合意から離脱し、イランへの制裁も再開した。世界各国が同調してくれることを望む。

　特に最後のイラン問題は重要である。BBC が 9 月 26 日に配信した "Trump seeks UN backing for Iran

国連安全保障理事会会議室を取材する著者

第5章　トランプ政権の外交⑴　全世界的展開

nuclear sanctions"を見ても、トランプ大統領は同日、国連安全保障理事会の議長として、同会議でも同様の発言を行っており、この問題に対する同氏の意欲の大きさを理解することが出来る。

米国の対イラン制裁は、11月5日（中間選挙投票日の前日）には、イランとの石油取引に関係する米国内外の金融機関を含む全民間企業にも適用される。つまりイランとの石油取引は非常に難しくなるのだが、イラン核合意を今でも守っているイギリス、フランス、ドイツ、ロシア、中国は、新しい決済のシステムを設立することで、イランとの石油取引を継続する方向で考えている。

またロイターが8月27日に配信した"Iran president asks Europe for guarantees on banking channels and oil sales"によれば、これら諸国に対しイランのロウハニ大統領からも同様の働き掛けが行われている。この約20日前の8月6日に米国の制裁が部分的に始まっているからだろうが、そのためか同記事によれば、イランの革命防衛隊の高官が、米国の制裁に対抗するため、ホルムズ海峡封鎖を示唆する発言も行っている。

同じロイターが8月31日に配信した"Iran moves missiles to Iraq in warning to enemies"によれば、イランはイラク国内の親イラン派に、弾道ミサイルの供与も行っているという。

やはりロイターが9月7日に配信した"Unrest intensifies in Iraq as Iranian consulate and oil facility stormed"によれば、イラク国内で反イラン派によりイラン領事館が焼き討ちにされ、イランの石油輸出に影響はなかったが、イラク国内の港が一時封

アリー・ハメネイ
イラン・イスラム共和国第2代最高指導者
©Khamenei.ir
https://commons.wikimedia.org/wiki/File:Ali_Khamenei_crop.jpg

鎖された。

そして同じロイターが9月24日に配信した"Mattis dismisses Iran's revenge threat as tensions climb after attack"によれば、9月22日に起こったイラン国内の軍事パレードが何者かに襲撃され、25人の死者が出た問題に関し、やはり同国革命防衛隊高官は、米国ないしイスラエルによるものとして、報復を示唆している。例によって穏健派のマティス国防長官は"馬鹿げたこと"の一言で片付けようとしているが、FOXが9月26日に配信した"John Bolton warns Iran 'there will be hell to pay' if aggression continues: 'We will come after you'"によれば、強硬派のボルトンNSC担当大統領補佐官は"そのような挑発等をイランが続けるなら「地獄行き」になるぞ！"――と発言している。

イランの革命防衛隊
©akkasemosalman.ir
https://commons.wikimedia.org/wiki/File:IRGC_naval_execise-2015_(11).jpg

そしてNational Interestが9月24日に配信した"Iranian Regime Change Advocates Are Licking Their Chops"によれば、ジュリアーニ法律顧問が、"ボルトンや自分のいる今のトランプ政権の最終的目的は、イランの「体制変更」である"と明言している。

同じNational Interestが9月11日に配信した"Iran, Not North Korea, Is This Administration's Foreign Policy"でも、トランプ政権の真の課題は、北朝鮮ではなくイランであると明言されている。

だがNBCが10月1日に配信した"Iran Revolutionary Guard launches missiles into Syria over parade attack"によれば、イラ

第 5 章　トランプ政権の外交(1) 全世界的展開

ンは「米国に死を！」のスローガンと共に東部シリアの反イラン派拠点に対し弾道ミサイルを発射した。

やはりイランと米国ないし同盟国（サウジ、イスラエル等）の戦争は回避できず、早ければ中間選挙直前にも起こるのではないか？それは時期や規模等によっては、今は資源輸出国家である米国、ロシアそしてサウジやイラン自身にも、国際的石油価格の変動で利益を得られる。もちろんトランプ政権は、中間選挙での劣勢を挽回できる。そのような"グレート・ゲーム"が始まろうとしているのかも知れない。日本は、そのような事態への準備を怠ってはならないだろう。

ルドルフ・ジュリアーニ
元ニューヨーク市長
©Jason Bedrick

（起筆：2018 年 9 月 30 日）

5　トランプ大統領の薬物対策演説
——共和党が医療保険充実化積極、民主党が地球温暖化阻止消極の政党になる日

ホワイトハウスのホームページによれば、トランプ大統領は 2018 年 9 月 24 日午前、国連総会での演説の前に、国連ビル内で開かれた "Global Call to Action on the World Drug Problem" でも演説し、麻薬等の薬物問題に対処するため、世界の国々が団結しようと呼びかけたが、その中で自国のオピオイド（鎮痛剤）問題に関しても言及している。

実は WSJ が 9 月 25 日に配信した "Cocaine, Meth, Opioids All Fuel Rise in Drug-Overdose Deaths" によれば、米国では今、合法的に処方された鎮痛剤の過剰摂取で死亡する人が、10 万人に対して 4 人に近く、これは 10 万人に対して過剰摂取で死亡する人が

4.5人のヘロインに次ぐもので、大きな社会問題になっている。そこでトランプ大統領はCNNが2017年10月26日に配信した"Trump declares opioid epidemic a national public health emergency"によれば、この問題に対し

国連本部ビル(著者撮影)

て「国家公衆衛生非常事態」を宣言し、対策のため多額の予算を付ける方針を表明。その中には違法鎮痛剤がメキシコ国境を越えて運び込まれているので、それへの対策等が大きく謳われている。

しかし前述のように多くの死亡者を出している鎮痛剤は、合法的に処方されているものが多い。そのためかNewsweek日本語版が5月12日に配信した"トランプ、薬価引き下げ表明 医薬品業界と外国政府を批判"という記事によれば、「トランプ米大統領は11日、処方箋薬の価格抑制に関する演説を行った。製薬会社、保険会社、薬剤給付管理会社(PBM)が処方箋薬を高価で手の届かないものにしたと非難し競争強化と価格引下げに向けた措置を取ると表明した。 トランプ大統領は、製薬業界の「中間業者」が大きな富を得ているとして排除する方針を示したほか、医薬業界のロビー団体についても、納税者の金で富を得たと批判した。」(Newsweek日本語版より引用)という。

これは単に薬価を下げるだけではなく、それで製薬会社等の利益が減れば、オピオイド等を安易に処方するメリットがなくなり、処方オピオイドを少しでも減らすことも、目的ではないか？

第5章　トランプ政権の外交⑴　全世界的展開

但し同記事によれば、高齢者用公的医療保険の処方箋管理会社等への交渉力を強めるというトランプ氏の提案は「細かなテクニカル上の変化に過ぎず、大きな変化をもたらすような目立った提案に欠ける」という。

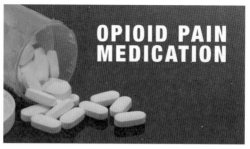

オピオイドの錠剤
©Courtesy photo
http://www.jbsa.mil/News/Photos/igphoto/2001892880/

だからなのか Washington Examiner が9月11日に配信した "Trump's early efforts to trim drug costs face patient backlash" によれば、トランプ政権は8月に、まず安い薬を使ってみて、それで効かなければ高い薬を使うことで薬価を下げようとする方式を、高齢者用公的医療保険に導入。さらに WSJ が9月16日に配信した "Drug Rebates Aren't 'Kickbacks'" によれば、製薬会社から薬剤給付管理会社への払い戻しを禁止することで、やはり薬価の引き下げと安易な処方の抑制を狙っている。

但し同記事によれば、払戻金自体を禁止するのではなく、高齢者用公的医療保険等と薬剤給付管理会社との負担率を変えた方が、より効果的であると主張している。これは重要な問題なのである。単に薬価を下げただけでは、むしろ処方オピオイドが一般人に入手し易くなり、薄利多売で製薬会社は、ますます利益を得る。この負担率変更を、トランプ政権が行えば、かなりの効果が期待できる。

何れにしても市場メカニズムを利用して薬価を下げ、安易な処方を抑制しようとしている。流石はトランプ大統領というか、共和党政権である。

しかし The Hill が8月10日に配信した "Fearing 'blue wave,'

drug, insurance companies build single-payer defense"という記事によれば、既存の医療保険会社や大手製薬会社が作った団体が、今までの医療保険システムを守り充実させるための団体を作り、そのような主張をしている民主党の議員の応援のために、多額の予算を使っている。但し、これは共和党対策であると同時に、公的医療保険制度を高齢者のためだけではなく全ての世代に普及させようとするサンダース氏のような民主党極左への反対の意味もあるらしい。それが実現したら、既存の医療保険会社等の利益が減るからである。

だがサンダース氏は、"彼らの活動も自分の主張する政策実現を妨げないだろう"と楽観的だという。穿った見方をすれば、サンダース氏らの政策が実現しそうになれば、その中で少しでもメリットを取れるように、前記のような団体が、自分達に献金等をするようになることを、期待している可能性もある。

何れにしても米国では、医療保険業界や製薬業界は、クリントン家やオバマ家の資金源だった。製薬業界からの献金がなければ、あの偽善者達が、あれほどに医療保険制度の充実に熱心になる筈がない。その金をバラまくことで、彼らは民主党を掌握して来たのである。民主党の有力政治家とは、製薬業界や医療保険会社等からの献金目当てに、多くの罪なき人々をオピオイド等で廃人化させたりする悪魔的な手合いなのである。そのような人々との協力を模索するような日本の政治家がいたら、絶対に信用してはいけない。

ところで、2018年中間選挙で民主党の絶対的地盤ニュージャージー州から上院議員選挙に出ている共和党の候補は実は大手製薬会社の社長なのである。相手の民主党現職が汚職事件に巻き込まれているため、勝つ可能性がある。（注：結果は残念ながら敗北だった）

これも穿った見方をすれば、今まで述べてきたことは全て、クリントン氏やオバマ氏、さらには民主党の資金源の一角を崩すための、

第5章　トランプ政権の外交(1) 全世界的展開

共和党の作戦なのかもしれない。

その共和党の資金源は、石油業界である。そのため共和党は、地球温暖化阻止の政策に消極的なのである。日本では余り知られていないが、その影響で米国では、保守派の方が原発反対で、民主党の方が原発賛成なのである。原発が増えれば火力発電所を減らせる。石油業界の資金を減らして共和党への献金を減らすことが出来る。民主党が地球温暖化阻止政策に積極的なのは、いま共和党政権が薬価を下げようとしていることと、同じなのである。

コック石油財閥の人々
©freddthompson
https://commons.wikimedia.org/wiki/File:Fred_Thompson_David_Koch_Julia_Koch_2007.jpg

ところが第3章第4節でも書いたが、The Hill が9月10日に配信した"Koch network launches super PAC ahead of midterm elections"によれば、共和党最大のスポンサーであるコック石油財閥は、グローバルなビジネスに批判的なトランプ政権への対抗のため、2018年の中間選挙では、4億ドルもの献金の少なからぬ部分を、民主党の候補のために使う可能性が高いという。

今まで述べてきたことからすると「共和党が医療保険充実化積極、民主党が地球温暖化阻止消極の政党になる日」が、いずれ来るのかも知れない。人間は所詮どこの国の人でも"お金で動く動物"でしかないからである。特に政治家は…。

（起筆：2018年9月30日）

第6章
トランプ政権の外交⑵
中東と東アジア

1 ニューヨーク・タイムズがトランプ翼賛新聞になる日 ——イラン核合意離脱を巡って…

2018年5月8日の米国によるイラン核合意離脱に関する米国内の論調を見ていると、面白いことに気づく。保守派の方が批判的で、リベラル派の方が肯定的なケースが多いようなのである。

例えば保守系シンクタンクCATO研究所が配信した"Kill the Iran Deal, Open Pandora's Box"という記事の中では、

1．米国と欧州諸国との関係を非常に悪化させる。
2．却ってイランを核武装に踏み切らせ世界の核拡散を促進する。
3．イランと米国ないしイスラエルとの戦争に発展する危険がある。
等の理由から、イラン核合意離脱に関して非常に批判的である。

やはり保守系National Interestが合意離脱前の5月7日に配信した"Don't Let Bibi Sell Us Another War"では、イスラエル軍部にも、イラン核合意はイランの核武装を遅らせる意味があるという意見が少なくなく、ネタニヤフ首相のパワーポイントを使ったイランが合意を破って核開発をしてるというプレゼンテーションにも、決定的証拠はないと指摘。そして誰もが考えることかも知れないが、米国にとっては損害の大きかったイラク戦争開始の契機になった、国連でのパウエル（当時）国務長官のプレゼンテーションと、二重写しのように見えると結論付けている。

やはり保守系ワシントン・タイムズの"Trump makes good on Iran threat"でさえが、途中までは上述の三点を指摘している。但し同記事は最後の部分で専門家の意見として、イラン核合意は同国

第6章　トランプ政権の外交(2) 中東と東アジア

の核やミサイルの開発、国際テロ集団への支援等を止められなかったのだから無意味であり、離脱は妥当と結んではいる。

面白いことにリベラル派のワシントン・ポストも"Why Trump torpedoed Obama's Iran deal"の中で、上記三点等を押さえつつも、トランプ大統領は戦術的な失敗は多くても戦略的な失敗はない（例えばエルサレム首都宣言やパリ協定離脱は批判されても、最終的に失敗とは言われていない。減税、保守派裁判官指名、規制緩和等、全て同様である）という意味の言葉で、この記事を結んでいる。

やはり中道左派のUSA Todayも、"The Iran nuclear deal was the worst deal ever. No wonder Donald Trump nixed it."の中で、ワシントン・タイムズ前掲記事の末尾の専門家と、同様の論調を展開。ネタニヤフ首相のプレゼンテーションは信用できるものとして、それはイランによるNPT違反であるとさえ指摘している。

極め付けはリベラル派の代表ニューヨーク・タイムズの"A Courageous Trump Call on a Lousy Iran Deal"という記事だろう。同記事では、米国民の約半数がイラン核合意に反対で、賛成は21％。この合意は民主党からも反対が出て米国議会を通過できなかったのだから、これは条約でも行政協定でもなく、いつでも破棄して良いものだと指摘。ワシントン・タイムズ前掲記事で専門家が言ったことに関する詳細な事実関係を紹介。そしてイランが核開発を再開すれば、米国ないしイスラエルによる攻撃という結果になるだろうと予測している。

しかし同時に同記事は、イラン経済が過去数か月の間に、急激な失業の増大や通貨価値の下落そして莫大な資本流出で困窮していることも指摘。経済支援と引き換えに、完全で検証可能で不可逆な核や弾道ミサイルの放棄をさせる合意の再形成は、可能ではないかと主張している。だが同記事は、イラン経済の現状は、イランがシリア戦争に大規模介入したことによる自業自得であり、またトランプ

大統領がアサド政権を打倒するような大規模攻撃をシリアで行わず、自由・人権の理想を守るようイランに呼びかけなかったことは、米国の交渉力を弱めたのではないか？――とも指摘している。

そして平和と繁栄か悲惨な戦争かを選ぶのはイランだ！――と結論付けている。

米国では福音派等の宗教保守派だけではなく、リベラル派にもユダヤ系が多いためか、イスラエル支持者が多い。そしてイスラエルとイランの間で戦争が起こるのは、もはや不可避なのではないか？

イランの地図
©U.S. Government

そうなった時、"イスラエルを守るために闘っている英雄的大統領"ということになれば、ニューヨーク・タイムズが掌返しにトランプ翼賛新聞になっても私は驚かない。"もう出来るだけ外国で戦争をしない"という公約には違反し、孤立主義をモットーとする保守本流から批判され、そして支持者の一部が離反するかも知れないが、新しい支持を開拓することも出来る。2020年の再選も、より確実になるかも知れない。政治とは、そういうものなのである。

(起筆：2018年5月9日)

2　トランプ大統領の手は血で汚れているか？
――エルサレム大使館移設問題を巡って…

2018年5月14日にエルサレムで行われた米国の新大使館開設行事と、それを巡る暴動で多くの死傷者がパレスティナ側に出た問題

第6章　トランプ政権の外交(2) 中東と東アジア

に関し、米国内での報道等を見て見ると、イラン核合意を巡るものとは違った分裂が見られる。

保守系 National Review が 5 月 15 日に配信した"The Blood Isn't on Trump's Hands"という記事の中では、共和党系（選挙）戦略家シュミット氏の"これでは中東情勢は、ますます不安定になり、それは対外戦争を控えるというトランプ氏の公約違反なので、中間選挙に悪い影響が出る"という発言を批判し、今までの混乱の原因はイスラエルの和平提案をパレスティナ側が拒否し続けたためであり、この度の暴動もパレスティナのテロ集団が元凶であるとして、トランプ氏を擁護している。ところがバノン氏が去ったとは言えトランプ政権の広報誌的存在である筈の Breitbart が同日に配信した"There Is Blood on Trump's Hands"（トランプの手は血で汚れた）の中で、このシュミット発言を肯定的に報道している。

バノン氏は親イスラエル、親ユダヤで知られていた。彼が去った後の Breitbart は、どういう立場なのだろうか？　因みに National Review は、米国の保守から反ユダヤ勢力を駆逐しようとして来た。

またワシントン・ポストが 5 月 15 日に配信した"In Jerusalem, it's the Trump team vs. reality"によれば、新大使館開設式典で祈祷を行った二人の牧師は、いずれも保守系だが反ユダヤで知られた人物だそうである。イスラエル絶対支持で知られる福音派以外の米国の宗教保守派の中にも、ユダヤ問題に関しては分裂がある。

だが、そのような分裂はリベラル派も同様ではないか？「ニューヨーク・タイムズが、トランプ翼賛新聞になる日」という文章の中では、同紙のイラン核合意離脱支持とも読める記事を紹介したが、5 月 14 日に同紙が配信した"Jerusalem Embassy Is a Victory for Trump, and a Complication for Middle East Peace"の中では、エルサレムへの大使館移転等は、中東情勢を複雑化させ混乱を深めると、トランプ政権の方針を批判している。ワシントン・ポスト前掲

記事も、ほぼ同様の論調である。

「ニューヨーク・タイムズが、トランプ翼賛新聞になる日」でも書いたが、米国リベラルの中には、ユダヤ系が多い。しかし彼らの間にもイスラエル支持の民族派と、そうは言い切れないグローバル派の分裂があるらしい。

だが同時に"エルサレム首都宣言等は、かえって中東情勢を混乱させる"という考え方は、既存のインテリ専門家の考え方でもある（米国ではインテリの間にも、ユダヤ系が多いが…）。その既存の専門家の考え方が、かえって従来の中東情勢を混乱させて来たとNational Review前掲記事は指摘している。

トランプ氏は、既存の専門家の考え方を打ち壊すことで新しい何かを作り出す天才である。近いうちにエルサレムがイスラエルの首都であることを前提にした中東和平提案を行うと言われている。

またトランプ氏は、既存の枠組みを壊して新しい枠組みを作り出す天才でもある。新大使館開設式典には、民主党のシューマー上院院内総務も出席していた。

リベラルと保守及び、それぞれの中でのインテリ系と宗教系、反ユダヤ系と親ユダヤ系の枠を壊して、新しい協力枠組みを作ろうとしているように、新大使館開設式典を見ていると思えてならない。

何れにしても米国議会は、1995年に超党派の圧倒的多数で、エルサレムをイスラエルの首都と認定すると宣言している。それを今までの大統領が、専門家の意見に惑わされて実行して来なかった。

そうする内に冷戦終結後に、ロシアからロシア系ユダ

エルサレム大使館開設式
©U.S. Embassy Jerusalem
https://www.flickr.com/photos/usembassyta/28280018058

第6章　トランプ政権の外交(2)　中東と東アジア

ヤ人が大量にヨルダン川西岸地区に移住し、今や経済的実権も握ってしまった。パレスチナ独立国家の建設は、不可能に近い。

早めに諦めてイスラエルの一自治体になる方向で考えた方が、パレスチナの人々にとっても安定した状態になるのではないか？　上述の経緯から、ロシアも今となっては本気では反対しないだろう。

親米アラブ諸国も、イランの脅威から今回の大使館移転に関して特に反発していない。いやアラブ諸国は、第一次中東戦争の頃から、本気でパレスチナのことを考えて来ただろうか？　自らの国益のために、利用して来ただけではないか？　それを考えてもパレスチナが、イスラエルの中の一自治体になるような考え方は、全く有り得ないものではない。（注：実際、幾つかの国——オーストラリア、ブラジル等——が、その後、米国に追随する動きも見せている。）

このような方向で一刻も早く中東和平が実現することこそが、世界の安定にも繋がると思う。おそらくトランプ大統領も、同じような考え方をしているのではないか？　トランプ氏の今後のリーダーシップに期待したいと思う。

（起筆：2018年5月17日）

3　米朝会談と日本核武装

2018年6月12日の米朝会談に関しては、米国内では保守派も左派も評価が低いようだ。北朝鮮非核化のプロセス等に具体性のないまま、北朝鮮の人権抑圧的な体制を保証し、日韓に相談もなく米韓合同軍事演習の中止に言及する等、北朝鮮に譲歩し過ぎでないか？　中間選挙向けの人気取りと評価する向きも多いようだ。

またG7を巡ってカナダのトルドー首相と対立した直後に金正恩氏との派手な"和解ショー"を演じたことにも米国内では異論が多い。

最もトランプ寄りと思われているFOXでさえが、6月12日に配

信した"McEnany Blasts Anti-Trump Press After Historic Summit"の中で、共和党全国委員会スポークスマン McEnany 氏の"トランプは歴史的平和を達成しつつある"という言葉を主として紹介しつつも、以上の諸件——特にカナダの

トランプ米大統領と北朝鮮の金正恩（キム・ジョンウン）朝鮮労働党委員長
©U.S. Federal Government

問題にも言及。トランプ政権の機関紙的な Breitbart でさえ、6月12日に配信した"Donald Trump on Kim Jong-un"の中で、非核化の具体性等に関し懸念を表明。やはり保守系シカゴ・トリビューンも6月11日に配信した"Summit's outcome rests on substance, not symbolism"の中で以上の諸件に触れ、またヤルタからレイキャビックに至る歴代大統領による歴史を作った会談と比較しても不確実性が高いと批判し、"象徴的出来事も大事だが、具体的問題が全てだ"と結んでいる。ただ同紙もトランプ氏の選挙対策の側面を指摘しているが、それならば今後の展開でも失敗なくやろうとする筈だ——と期待とも思える表現もしてはいる。

リベラル派では New Yorker が6月12日に配信した"The Winners and Losers of President Trump's Meeting With Kim Jong-un"の中で、今回の会談は対内的に政治的得点を稼いだトランプ氏と、対外的に承認された金正恩氏の勝利であり、堅実に基礎を築いて行く従来型の外交官と、そして人権擁護派の敗北だったと結論付けている。ワシントン・ポストも6月12日に配信した"The good and the bad from Trump's North Korea summit"の中で、上記の諸件に触れて今回の会談を批判。のみならず今の共和党ではトランプに反対すると予備選に当選できないため、多様な意見がな

第6章　トランプ政権の外交(2) 中東と東アジア

くなりつつあり民主主義の危機であると読める部分まである。

そのような批判を意識してか、The Hill が 6 月 12 日に配信した "With caveats, Republicans praise Trump's summit with Kim Jong Un" によれば、複数の共和党の有力議員も今回の会談に批判的な発言をしており、また上院外交委員長のコーカー氏（共和党）も、

ボブ・コーカー
上院議員
©U.S. Federal Government

正式な決定は議会を通して条約化するべきだと主張。イラン核合意が議会をパスしてオバマ政権に作られたことへの反発から、この意見は尊重される可能性が高い。

実は共和党は米朝会談と同じ日に、イラン核合意を再開できなくする決議を上院で行おうとしたが、そのためには予算措置等の関係で過半数ではなく6割の賛成が必要で、民主党内にも反イラン派議員がいなかった訳でもないにも関わらず、この決議に失敗している。まして正式の条約の形にする為には、3分の2の絶対多数——つまり67票が上院で必要とされる。

今回の合意が、このまま行く可能性は、意外に低いのではないか？トランプ大統領も、金正恩氏が約束を破れば自分も態度を変えると明言してはいる。

ところでトランプ大統領は、日本人拉致問題に関して会談内で言及したが、合意文書には一切出ていない。むしろ合意文書では、朝鮮戦争時に行方不明になった元米兵の（遺骨等の）帰還問題が明記されている。

これが国際政治の現実である。日本では「力による平和」の考え方に嫌悪を催す人が多いが、それ以外の"平和"は有り得ない。

日本も拉致被害者を取り戻したければ、核武装するくらいのこ

とを考えるくらいで良いように思う。因みに日本側が今まで知らなかった拉致被害者数名が確かに北朝鮮で生存しており、日本からカネを引き出すための最後のカードとして、その人々を返すという話は、2004年ごろからあったと思う。この問題は今後の日朝交渉で再び出て来る可能性がある。その結果カネを取られるだけで日本が納得する拉致被害者関係の情報開示は、あくまで北朝鮮は面子を守るためにしないだろう。やはり核武装くらいの覚悟がない限り日本は、カネを出さされるだけで何時までも納得いかない侮辱的立場に甘んじるしかない。それで良いと考える日本なら滅亡した方が良い。

　最近、私が大変お世話になって来た複数の相互に知り合いではないが同じ様に憲法第9条改正のために人生を捧げた方々が、一様に同じことを言われた。もし北朝鮮ないし中国のミサイル攻撃で100万人の日本人が死んだとする。そこで本格的な憲法第9条改正が国会で議論され発議され国民投票が行われるとする。しかし、それには手続き的に2、3年くらいは掛かると思われる。その間に被災者以外の日本人は、外国のミサイル攻撃があったのも忘れてしまう。賛成、反対以前に興味がないので、誰も国民投票に来ない。そこで有意味な憲法第9条改正も出来ない。日本人が真に覚醒し有意味な憲法第9条改正が行われるには、日本人の半分——6,000万人が殺害されるくらいの重大事態が起こらなければ、難しいのではないか？

　この考え方には私も、賛成せざるを得ない。民族の精神を腐敗させる悪魔的な憲法を、70年以上も改正しないで来た。私の愛する日本人は、その程度の民族だった。私が含まれることになっても、半分の6,000万人が死亡するくらいの天罰は、当然と思う。それで日本人の真の民族精神が復活するなら、その方が良いようにも思う。

　このような考え方は「反理性」的に思われるかも知れない。だが「反理性」的なことが悪いことだろうか？

第6章　トランプ政権の外交(2) 中東と東アジア

　保守系 Washington Examiner が6月12日に配信した "On North Korea, a president who tried something different" の中では、トランプ氏の今までの大統領と違ったアプローチが、今回の会談という今までの大統領が出せなかった、少しでも前向きな結果を出したと評価。そしてリベラル派の代表ニューヨーク・タイムズが6月12日に配信した "Trump and Kim Have Just Walked Us Back From the Brink of War" の中では、「悲惨な戦争をするのよりはマシ」といった論調だが、この度の米朝会談を少しでも肯定的に評価し、それが実現できたのはトランプ氏の unconventional approach のお陰であると評価している。

　つまり New Yorker の言ったような従来型の外交とは異なったアプローチを評価しているのである。この unconventional approach を"「反理性」主義的アプローチ"と訳したら意訳のし過ぎだろうか？

　トランプ氏の登場自体が、理性絶対の欧州大陸的文明の行き詰まりに対して、アグロサクソンの経験や直観を重視する行き方の復活の部分がある。彼自身、自らを Mad Man と呼ぶことがある。理性でしか思考できない者は、「反理性」（"脱理性"）主義的な直観の優れた者に破れるのである。例えば従来の外交官が実現できなかった会談を、トランプ氏が実現したように。

　逆に見れば、今後の展開次第では、Mad Man が北朝鮮を攻撃する展開も、全く無くなったわけではないと思う。実際 WSJ が6月13日に配信した "The Risky Calculus of the Trump-Kim Embrace" にもあるように、米国は経済制裁を緩めてはいない。ワシントン・ポスト前掲記事でも、北朝鮮の非核化には、長い時間と労力が必要と書かれている。

　このプロセスを意図的に長引かせることでトランプ氏は、2020年の大統領再選を狙っているという説は、日米双方で囁かれている。ちょうど小池都知事の豊洲移転問題のように…。しかし投票による

民主制とは、そういうものなのだ。そのような政治家の野心の結果として、良い結果が出れば良いのだ。

何れにしても在韓米軍の縮小等は、トランプ氏の選挙公約だった。Daily Beastが6月13日に配信した"His Korea 'War Games' Comments Play Into Russian Hands"の中でも、米韓軍事演習の停止は、ロシアにNATO軍合同軍事演習停止を要求する口実を与えるという専門家の意見を紹介しているが、NATO諸国はトランプ氏が大統領になってから、それまで守っていなかった"軍事費GDP2％"条項を守る方向になっている。

NATOのAWACS（早期警戒管制機）
©U.S. Federal Government

WSJが6月14日に配信した"South Korea Bulks Up Military Might While Preparing for Peace"でも、韓国や日本が、米国の大幅なアジアからの撤退に備え、米国頼みだけではない国防が可能なように、軍事力の増強を始めていることが指摘されている。

そのような日韓の"軍拡"に刺激されたり、あるいは非核化の長いプロセスの途中で相互不信が再燃し、再び米朝が対決モードになる可能性もある。そのような展開になった時、再び日本の核武装等が、真剣に考慮されるようになるかも知れない。

トランプ大統領は大統領予備選の最中に、一度でも日本の核武装に言及したことがある。例によって、"脱理性"主義的なアドリブ発言だったかも知れない。だがRoll Callが6月13日に配信した"Trump Trip Showed New Approach to Presidency"では、このような"トランプ流"の発言や発想は、少なくとも共和党の政治家には浸透しつつあるようだ。このまま行けば理性文明が崩壊し、より良い新しい文明――「反理性」文明が、米国から世界に広がるだろう。

第 6 章　トランプ政権の外交⑵ 中東と東アジア

　実際、The Hill が 6 月 13 日に配信した "Two Norwegian lawmakers nominate Trump for Nobel Peace Prize" の中では、ノルウェーのトランプ大統領と政治観（移民反対や「小さな政府」等）を共有する国会議員二人が、トランプ氏に 2019 年度のノーベル平和賞授与の方向で動き出したという（注：2018 年秋には安倍総理も推薦したと言われている）。これが実現すれば、少なくともトランプ流「反理性」主義が、世界に認められたことになる。

　そうなれば日本が核武装等も含めて「強い国家」になれる可能性も高まる。そのような事態を"武士道精神の復活"と考える私としては、期待して待ちたいと思う。

（起筆：2018 年 6 月 14 日）

追記：本書のゲラの最終段階 2019 年 2 月末に行われた第二回米朝首脳会談は、物別れに終わった。それは私が主張して来たように、イランや南シナ海の情勢が落ち着くまで、北朝鮮は小康状態にしたいというトランプ政権の意向もあったのかも知れない。それと同時に WSJ が 3 月 1 日に配信した "Trump Walks on Kim" では、トランプ氏のオバマ氏と違う弱腰でない姿勢を評価し、そして今回の決断は、イランや中国との今後の交渉に影響を与えるだろうと述べている。やはり、この両国が、今後の重要課題になることは間違いない。何れにしても北朝鮮は、核兵器を放棄する意思がないことは、確認できたと思う。今こそ日本は核武装を、本気で考えるべき時に来ているように思う。

4　米中戦争は、いつ起こるか？

　BBC が 2018 年 10 月 2 日に配信した "Chinese ship forces US destroyer off course" によれば、米国海軍が中国の不当な領土、領海的な主張に対抗するために南シナ海で行っていた「航行の自由」

作戦による、中国が領土と主張する島々から国際法上の領海として認められる12海里以内を通過していた米海軍駆逐艦に対し、中国海軍の船が異常接近した為、米駆逐艦は進路変更を余儀なくされた。

この記事でも触れられているが、ニューヨーク・タイムズが9月30日に配信した"China Cancels High-Level Security Talks With the U.S."によれば、中国はマティス国防長官と10月中旬に行う筈の年次安全保障会議の中止を、申し入れたばかりだった。それは激化する一方の貿易戦争、ロシアから兵器を購入した中国企業への制裁、台湾への3億ドル以上の兵器関連物資の売却そして9月26日に米国の爆撃機が南シナ海上空を飛行した等々の件が原因と考えられる。

中国は9月25日に、10月に予定されていた米国軍艦の香港寄港も拒否していて、そういう意味では予測された事態でもあった。

同記事では、トランプ政権の中国大使で前アイオワ州知事のブランスタッド氏が、アイオワの新聞に寄稿し、米国は中国に公正な貿易を実現してもらうために関税等の戦争を仕掛けているのだが、アイオワ州の農民は中国の対抗関税のために困っており、また米国内の言論の自由を利用して、中国が自国の一方的な主張を喧伝していると非難した。それに対し北京にいる米国弁護士で中国アメリカ商工会の前会長ジマーマン氏は反論し、"トランプ政権は、米国の商業的、戦略的利益を危険にさらしている"と発言した。

このように経済的な一体化により戦争を回避できるという考え方を、国際政治学では相互依存論という。

そこでNewsweekが10月2日に配信した"JACK MA SAYS DONALD

馬雲（ジャック・マー）
アリババ会長
©Foundations World Economic Forum
https://www.flickr.com/photos/49344088@N04/39008130265

第6章　トランプ政権の外交(2) 中東と東アジア

TRUMP'S TRADE WAR WITH CHINA COULD LEAD TO MILITARY CONFLICT"では、アリババの会長マー氏は、トランプ政権の関税等による貿易戦争が今の事態を引き起こしていると、世界貿易機関市民フォーラムで10月2日に発言し、その1週間前にトランプ氏が国連で中国非難の演説を行ったことに関し、"もう我々は、そのような虐待を大目に見ない"とも発言。

クリストファー・A・レイ
FBI長官
©U.S. Federal Government

中国の外相も"冷戦的思考である"と言ったという。

だが7月に行われたAspen Security Forumで、CIAのコリンズ次官補（東アジア担当）は、現在の米中関係を"基本的に冷戦状態"と定義し、FBIのレイ長官も、米国内で行われた中国による産業スパイ事件を、最も重大な課題であると報告している。

そして同記事によれば、元NATO軍最高司令官ジョーンズ将軍は、"中国の目的は米国に取って代わることだろう。2020年か、2040年までに"と発言しているという。

新興大国が覇権国家から世界の支配権を奪い取ろうとする現象は、歴史上で繰り返し現れて来た。それは屡々、戦争になった。国際政治学で言う「ツキディデスの罠」である。

それを国際的なシステム（今で言う国連等）が回避できるのではないかと考える学者も少なくない。

だがワシントン・ポストが10月3日に配信した"The U.S. and China are playing a dangerous game. What comes next?"によれば、国際機関のへの加盟は新興大国の現状変更を主張する手段にもなり同調する国を増やすことが出来る、戦争をする前に徐々に現状を蝕む手段にもなる、そうして国際機関等での立場を強化して既成秩序

の弱体化につけ込む等々の理由から、国連、IMF、WTO等への中国の加盟は、むしろAIIBや「一帯一路」構想の形で、中国の南アジアやアフリカ等への進出を助け、このままでは近いうちに、19世紀半ばのドイツ、19世紀末のロシア、そして20世紀前半の日本帝国のように、米国の覇権に対して大きな変更を求めて挑戦して来るだろうと述べている。

潜水艦発射弾道ミサイル（SLBM）ポセイドンＣ－３
©U.S. Federal Government

リベラル派の筈のNewsweekやワシントン・ポストでさえ、以上のような論調である。2018年9月末の南シナ海事案を見ても、トランプ政権中にも米中軍事衝突はあるかも知れない。

と言うのはBBC前掲記事では、中国が南シナ海に拘っている理由は、その豊富な海底資源にあるように書かれている。だが私が軍事専門家から聞く

中国の大型爆撃機Ｈ－６
©Kevin McGill
https://www.flickr.com/photos/42479008@N02/5162358637

ところでは、中国の真の目的は、水深の相対的に深い南シナ海に潜水艦を潜ませ、そこから水中発射核ミサイルで米国本土を脅かすことで、米国から世界の支配権を奪うことではないかという。そのためには南シナ海を完全な自国の内海にしたい。

このようなことが実現すれば、米国も日本も、中国の属国になる。そうすれば特に日本は、チベットのような状況にされてしまう。それだけは絶対に避けなければならない。

CNNが8月17日に配信した"China 'likely' training pilots to target US, Pentagon report says"によれば、中国は5月に核弾頭

第6章　トランプ政権の外交(2) 中東と東アジア

搭載可能なH-6K爆撃機を、南シナ海の彼らの人工島の1つに着陸させていて、これは米国まで届く長距離爆撃の布石ではないかと米国防省は考えている。つまり既に南シナ海を巡る米中核対決は、始まっているのである。

この記事でも第7章第1節同様、トランプ大統領が2020年までに米国宇宙軍を創設することに触れられている。それが既にある中国宇宙軍以上の力を持つようになれば、中国の軍事衛星等を破壊し、ミサイルや爆撃機、艦船の誘導を困難にさせることも出来る。そしてトランプ氏は、宇宙軍を2020年までに作ることに拘っている。

2020年。その頃には米中の軍事衝突があるのかも知れない。それは世界の真の自由主義を守るために必要なだけではなく、トランプ氏の再選にも良い影響があるかも知れない。

2020年。それまでに日本は自ら戦う力を付ける必要がある。

（起筆：2018年10月4日）

5　ペンス副大統領の対中「第二冷戦」宣言と、その意味

ペンス副大統領は2018年10月4日、保守系ハドソン研究所で、中国に対する「第二冷戦」宣言を行った。ホワイトハウスのホームページから、同演説の要点を以下に整理する。

1. 米国は歴史的に中国を大事にして来た。21世紀に入るとWTOへの加盟も許した。
2. 結果として中国のGDPは米国からの投資を中心に9倍になり、そのため昨年だけで米国の対中赤字は3,750億ドルにも昇った。
3. にも関わらず中国は米国の企業から知的財産権等を盗んでいる。
4. そして軍事費を増額して宇宙軍を創設し、また西太平洋に進出しようとしている。
5. そのために南シナ海を不法に内海化しようとしているため、米国は「航行の自由」作戦で対抗し、数日前にも中国と米国の軍艦

が南シナ海で異常接近した。これは中国の攻撃性の表れである。
6. また国内では人権や信教の自由そして民族自決等に厳しい迫害を行っている。例えばキリスト教徒、仏教徒とイスラム教徒を迫害し、ウイグルやチベットの数百万の人々を弾圧した。
7. ヨーロッパとラテンアメリカ、アジアからアフリカまで不透明な条件で数十億ドルのインフラ投資援助を行い、それが返済できなくなると、建設したインフラを取り上げたりしている。例えば2年前、スリランカの港も、自分のものにしてしまっている。
8. 台湾との関係を断つように多くの国に圧力を掛けている。
9. 米国の企業、映画会社、大学、シンクタンク、学者、ジャーナリスト等に中国に有利な情報発信を行うよう圧力を掛けている。
10. 今年の中間選挙ないし2020年の大統領選挙に介入しトランプ大統領の落選等を画策している。例えばトランプ政権への反対意見を表明しない会社への中国国内での免許取消の脅しや、アイオワの新聞に反トランプ政権の広告を挟んだりしている。2016年にトランプ氏が勝った郡の80％が標的になると思われる。
11. 中国ラジオ・インターナショナルは、現在30以上の米国のアウトレットに、親北京的なプログラムを放送し、中国国際テレビ放送網は、7,500万人以上の米国人に視聴され、それらの会社の人事は、中国共産党が握っている。
12. 米国のメディア組織のウェブサイトをブロックし、米国人ジャーナリストがビザを得ることを、より難しくした。
13. 米国に43万人いる中国人留学生の言論の自由を抑圧している。
14. 資金提供やビザ発給の問題で、米国の大学やシンクタンクに、中国に都合の良い研究や発表を行うよう強制している。
15. Googleに圧力を掛けて、中国の顧客のプライバシーに対する共産党検閲を強化した。
16. そこでトランプ政権は、レーガン政権以来の7,160億ドルも

第6章　トランプ政権の外交(2) 中東と東アジア

の国防予算を組み、核兵器の近代化と最新型の戦闘機と空母の生産そして宇宙軍の創設を行っている。

17. また中国製品に2,500億ドルもの関税を掛け、中国の行動に改善が見られなければ、倍にすることも検討している。

18. 米国内の中国のラジオやテレビのネットワークに、外国政府代理人として登録するように命令した。

ハドソン研究所で講演する
マイク・ペンス副大統領
Photo credit: James O'Gara

19. 知的財産権の問題で、中国に対して訴訟を起こし続ける。

20. またカナダ、メキシコとの新貿易協定も3国が協力して中国製品より相互の製品を優遇するもので、日本とも早期に同様の協定を締結したい。

以上であるが、他に例えばThe Hillが10月9日に配信した"Trump expands anti-China effort"によれば、

・国家安全保障会議が、米国の新しい5Gのネットワークの開発等に関係し、中国のテクノロジー会社の関係を制限するように各政府機関に依頼するプロセスを開始した。

・ペンス演説と同じ日に、アップル、アマゾンと米国政府等のサーバーに、中国政府がスパイ・チップを密かに入れたと、ブルームバーグは報告した。

・中国人インターポール長官を逮捕するという中国の決定は、世界のリーダーを驚かせ、一部の専門家が不明瞭な試みで心配はないと考えた習近平の反腐敗運動に注意を集めた。

またWSJが10月10日に配信した"Mike Pence Announces Cold War II"によれば、

・ペンス氏の演説と同じ週に、メディアに漏らされた米海軍の計画

では、中国が実効支配する南シナ海の海域周辺において、米軍艦のパトロールを強化する。
・連邦議会が承認した建設法案では、中国がアフリカ、アジアで進める一帯一路構想に対抗し、600億ドルの開発融資を行うことを目的としている。
・「米国・メキシコ・カナダ協定」の中に、加盟国と中国が貿易協定を結ぶのを阻止する条項が盛り込まれていて、トランプ政権は、他の貿易協定にも同様の条項を盛り込む意向を示している。

とのことであった。そして同記事は、「国内政治の観点からは、対決姿勢の強いこの政策は幅広く支持を集める公算が大きい。トランプ氏のポピュリズムの支持者は米国の雇用が「盗まれた」ことに憤慨し、人権や宗教の自由の擁護団体は、中国国内の厳しい弾圧や外国の独裁政権に対する支援をますます問題視している。（中略）トランプ氏が（中略）プーチン大統領に甘すぎると嬉しそうに批判してきた民主党は、なぜ対ロシアでは強硬姿勢を取るのが愛国的な義務で、対中国では強硬路線が誤りなのかを説明するのに苦慮するだろう。（中略）トランプ氏の率いる米国が偉大さへの道を歩んでいても、そうでないにせよ、どこかに向かっていることは確かだ。」（WSJ日本語版より引用）と結んでいる。

米中の緊張は高まりつつあり、それに備えないと日本は生き残れない。トランプ政権を見習い、自国内産業の保護より国家安全保障を優先し、米国との経済的一体化を一刻も早く進めるべき時だろう。

（起筆：2018年10月14日）

6　米中烈々
——G 20、ファーウェイ、アフリカ回廊

アルゼンチンで開かれたG 20と同時に2018年12月1日に行われた米中首脳会談で、いま米国は一部の中国製品に対し10％の関

第6章　トランプ政権の外交(2) 中東と東アジア

税を掛けているが、それを25％に上げる予定を、2019年2月末まで90日延期することになった。しかし、その90日の間に、中国の（軍事転用可能な）ハイテク技術を米国から違法に入手する活動や、米国へのサイバー攻撃を停止する合意が出来なければ、関税は25％に上げるという（例えばワシントン・ポストが12月1日に配信した"U.S. and China agree to new talks as Trump pulls back on tariffs"）。やはりトランプ政権の対中関税政策は軍事的側面が強いのである。

トランプ大統領は2019年2月24日、関税の引き上げを延期し、3月中にも習近平主席と米中会談を行うと発表した。この約3か月の間に中国は、大豆等の輸入の大幅な増加や、知的財産権保護の国内法整備を約束しており、それらが実現するならば米国内の輸出産業の景気や輸入品消費者物価それらの影響を受ける株価を考えても、トランプ大統領が一定の合意に達する可能性はある。

だが以下の問題があるため完全な合意は難しいのではないか？

BBCが12月6日に配信した"Huawei finance chief Meng Wanzhou arrested in Canada"では、米中首脳会談と同じ12月1日に、中国が誇る世界最大の携帯電話とインターネット・システムの会社ファーウェイの女性副会長である孟晩舟（Meng Wanzhou）氏が、カナダで米国の対イラン制裁関係の法律に触れた疑いで逮捕された。

孟晩舟（Meng Wanzhou）
ファーウェイ最高財務責任者
©Office of the President of Russia

FOXが12月11日に配信した"Meng Wanzhou, Chinese telecom exec facing possible extradition to US, granted bail by Canadian judge"では、孟晩舟氏はバンクーバーから離れないという条件で、

115

12月8日に保釈されたが、その保釈金は750万ドルもの高額である上に誰が払ったかは定かではない。そして12月12日WSJが配信した"'No Coincidence': China's Detention of Canadian Seen as Retaliation for Huawei Arrest"によれば、中国は12月7日に、中国国内の人権状況等を調査していた元カナダ外交官のNGO活動家2名を逮捕。カナダが孟晩舟氏を解放しないなら、深刻な結果になると警告した。その2名の内の一人は、12月4日にFacebookに、"国家安全保障の為ファーウェイの5Gネットワークを、英国等で販売するのを妨げねばならない"と投稿していた。

5Gとは従来のインターネット・ネットワークとは格段に、速度も容量も優れた次世代のネットワークである。この技術に関してファーウェイは、世界で最も優れているとも言われている。

そのためかWSJが12月14日に配信した"At Gathering of Spy Chiefs, U.S., Allies Agreed to Contain Huawei"によれば、米国、英国、カナダ、オーストラリア、ニュージーランドの情報機関で構成される国際的通信スパイ組織Five Eyesの会議が2018年7月に開かれた時、ファーウェイの封じ込めが重要な議題になった。特に米国としては、ファーウェイの5Gネットワークが世界に広がることで、重要な情報を盗まれたり、あるいは大規模情報ネットワーク遮断を意図的に起こされることを懸念している。

というのはForbsが12月13日に配信した"A Death In Silicon Valley 'With Chinese Characteristics'"によれば、スタンフォード大学教授で中国系米国人の張首晟（Zhang Shoucheng）氏が、米中首脳会談や孟晩舟

張首晟（Zhang Shoucheng）
タンフォード大学教授
©Yngweiz
https://en.wikipedia.org/wiki/File:SC_Zhang.jpg

第6章　トランプ政権の外交(2) 中東と東アジア

氏逮捕と同じ12月1日に自殺死体で発見された。張首晟氏はDHVCというハイテク振興団体を運営していたが、これは中国国営のZDGという団体からの莫大な資金援助で活動しており、これらを通じて張首晟氏は、中国共産党最高幹部やアリババのマー社長そしてファーウェイとも深い繋がりがあった。そして以上の事実の一部が11月20日にUSTRのレポートによって公になったことが、何かの意味で"死"の原因ではないか？

更にThe Guardianが2019年1月15日に配信した"Horrific' death sentence in China prompts Canada to revise travel advice"によれば、中国政府は2年以上前に麻薬密輸の疑いで懲役15年の刑が確定していたカナダ人男性の再審裁判で、新しい証拠が見つかったわけでもないのに死刑を宣告し、その裁判に国際記者団を招いた。これは中国でも非常に異例なことで、カナダの世論は孟晩舟氏逮捕への報復ではないかと疑い、国際人権団体アムネスティ・インターナショナルも疑問を表明した。

そのためニューヨーク・タイムズが2019年2月25日に配信した"Trump Touts Progress With China, but Pressure Grows for a Tough Deal"によれば、トランプ氏の米中会談計画に対しては、民主党からまで反対が出て、また共和党内最右派の自由幹部会の造反の可能性もあり、コットン、ルビオといった有力上院議員も、この情報通信技術での妥協への強い懸念を表明。特に民主党からの反対は、トランプ政権内対中強硬派のライトハイザーUSTR代表やナヴァロ通商政策局長が（株価を重視する）ウォール街と闘う非常な力になるという。

更に同記事では、いま米国が中国に要求している経済構造改革の中の最重要ポイントである国営助成金交付の問題こそが（吉川補足：この節で私が今まで述べてきたように）、中国による（情報）技術

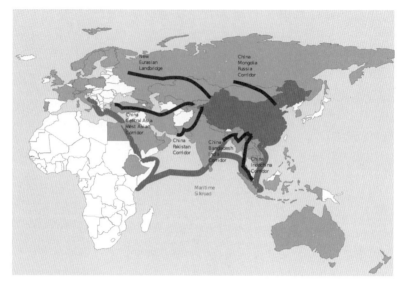

一帯一路

©Lommes
https://commons.wikimedia.org/wiki/File:One-belt-one-road.svg

窃盗の重大な背景であり、その問題に決着を付けることが非常に難しいだろうと述べている。

つまり 2019 年 3 月に予定される米中会談は、5 G 通信システムの問題で、完全な合意には至らない可能性が低くないのである。

仮にファーウェイ社を莫大な罰金と引換に許すようなことがあったとしても、何らかの方法で 5 G 通信による世界覇権だけは、中国から米国に奪取するようなことを、トランプ政権は考えるかも知れない。そのために例えば他の問題では合意に至ったものの、国営助成金の問題で合意できなかったので、関税を 25％ ではなく 15％ に上げる。そのようにすることを米中会談までに何度か仄めかせば、市場に織り込み済みになるので株価等への影響も少ない。情報技術問題で譲歩しなければ、国内の反対も少ない。

第6章　トランプ政権の外交⑵　中東と東アジア

　そこまでしてでも米国は、５Ｇ通信における覇権だけは獲りたい筈だと思う。それに関しては、第８章第２節で詳述する。それだけではない。

　先に述べた中国で人質になっているカナダ人元外交官は、中国のアフリカ進出に関しても調査していた。

　ヘリテージ財団が12月12日に配信した"US Must Curb Chinese, Russian Influence in Africa"によれば、ボルトンNSC担当大統領補佐官は同日、同財団にて次のように講演した。米国の競争国——中国とロシアは、アフリカ大陸に急激に影響力を広げている。中国の「一帯一路」構想とは、中国からアフリカに至る、中国がリードする経済を発展させるものであり、そのため多くの国々が中国からの借入金の代わりに、社会的インフラを買収されている。ロシアも国連総会での票目当てに、アフリカ諸国に武器を売り込んでいる。これは平和への脅威なだけではなく、アフリカ諸国の経済成長を原因ないし結果として疎外する。

　このようになってしまった原因は米国の戦略不足にもある。特に中国の戦略は「一帯一路」構想も含め数十年単位で考えられている。

　そこで今後の米国は、アフリカへの経済支援等にも、優先順位を付け、また国際機関を通すか二国間が良いのかも、良く考えなければならない。そうしてアフリカ大陸で健全な中流階級が育って行けば、自然に中露の影響力も減少し、テロも減って行くだろう。

　以上のように米国は、ハイテクから開発援助に至るまで、中国を警戒し長期戦略を練りつつあるのである。日本も良い意味で追随するべき時だろう。それは日本の安全保障を守るだけではなく、真に健全なハイテク開発や開発援助等の影響で、より日本人が豊かになって行く道であることは間違いないだろう。

（起筆：2018年12月31日）

第7章
2018年中間選挙前後の動向

1 このままではトランプは中間選挙に敗北する！

　2018年8月7日にオハイオ12区で行われた下院議員補欠選挙で、共和党の候補は勝ったものの1％未満の僅差だった。この地区では2016年にトランプ氏は11％の支持を得ており、そもそも共和党の厚い地盤だった筈なのである。この問題を契機として、主として7月以降の米国政治の趨勢を概観してみよう。すると、このままならトランプ共和党は、この中間選挙で大敗する可能性が極めて高い。

　まずオハイオ補欠選挙に関してはVOXが8月10日に配信した "A blue flood, more than just a wave" が、最も良くまとまっていると思う。同記事によれば共和党候補に投票した共和党支持者が82％なのに対し、民主党候補に投票した民主党支持者は91％。それが女性、若者、マイノリティ中心であることは言うまでもない。そして無党派層の3分の2も民主党に投票している。

　Washington Examinerが8月3日に配信した "Independent voters a major headache for the GOP as midterm elections loom" によれば、NBCとWSJが7月15日から18日に行った世論調査では、民主党支持49％対共和党支持43％で、共和党にとって対処不能な数字ではない。だが7月29日から31日に、エコノミスト等が行った調査では、26％も無党派層がいて、これが34％対28％で民主党有利に傾いている。彼らの間でのトランプ支持率は、全体が45％なのに対し36％。これまで大統領の反対党が中間選挙で議会の多数を奪回した時、無党派層の15％前後の票を取っている。

　そしてThe Hillが8月6日に配信した "Women poised to take charge in Dem majority" によれば、民主党は共和党の3倍の女性

第 7 章　2018 年中間選挙前後の動向

候補者を擁立して、トランプ氏に批判的な女性票を取り込む作戦に出ている。同じ The Hill が 8 月 8 日に配信した "Latino candidates set to play most prominent role ever in presidential race" によれば、2016 年に有権者資格を持つヒスパニック系は 2,700 万人いたが、実際に投票に来たのは半分の 1,300 万人。そこで民主党は、幾つかの共和党の有力者のいる選挙区に、ヒスパニック系の候補者を擁立し、この票を掘り起こす方針である。中には共和党保守派の有力者テッド・クルーズ上院議員の選挙区テキサスまである。そして Washington Examiner が 8 月 7 日に配信した "Blacks' approval of Trump reaches a high of 21% and NAACP charges 'racism'" によれば、NAACP が同日に行った調査では、トランプ氏に対する黒人の支持率は、21％と 4 月の倍になっているが、黒人（およびアジア系、ヒスパニック系）の 75％は、トランプ大統領は自分達を軽視していると考えている。

Roll Call が 7 月 24 日に配信した "Polling Still Points to Rough November for Republicans" では、FOX や WSJ が行った調査結果を紹介し、白人の間での共和党支持は 50％、不支持は 41％。これは 2016 年には 60％対 38％だった。65 歳以上の人の間でのトランプ支持率は 44％、不支持 55％。これは 2016 年には 53％対 45％。逆に Washington Examiner が 7 月 19 日に配信した "Youth voter surge, up to 61% of the newly registered" によれば、18 歳から 29 歳までの若者の有権者登録が 61％も増加。その理由は学校での銃乱射事件頻発が、銃規制強化への意識を高めたためと思われる。

また Washington Examiner が 7 月 13 日に配信した "Democrats lead GOP by 12 million registered voters, 40% D, 29% R, 28% I" によれば、有権者登録した人の内で 40％が民主党支持、共和党支持は 29％で、無党派が 28％だったという。これは民主党支持の熱意が共和党支持の熱意を約 10％上回っていることを意味する。

The Hill が7月27日に配信した"Dems have midterm edge, but it's not historic"によれば、オバマ民主党が共和党に63議席奪われた2010年の選挙の時は、この数字は共和党が15％上回り、ブッシュ共和党が民主党に32議席を奪われた2006年の選挙では、民主党が共和党を32％上回っていた。この時の民主党の支持率は15％共和党を上回っていたが、2010年に共和党は民主党を約5％上回っていただけだった。これは現職大統領支持率と関係があると考えられ、トランプ氏の2018年7月の支持率は、2006年のブッシュ氏よりは高いが、2010年のオバマ氏よりは低い。

The Hill が8月4日に配信した"Trump roars into rally season"によれば、トランプ氏の共和党内での支持率は90％だが、全国支持率は43.1％。不支持52.9％。つまりトランプ氏は、共和党をまとめる力はあるが、それ以外の人々の反感を買い易い。そのため上記のような数字が出ていると思われる。

このままでは共和党にとり、非常に望ましくない結果が出る可能性が高い。上記の幾つかの記事の中でも触れられているが、トランプ氏がオハイオ12区より低い差でヒラリー氏に辛勝した下院選挙区が、45もあるのである！

では、どうしたら良いか？ Newsweek が8月9日に配信した"WHAT HAPPENS IF IRAN CLOSES WORLD'S MOST IMPORTANT OIL ROUTE? PRICES RISE AND WAR LIKELY"によれば、トランプ大統領はオハイオの補欠選挙と同じ日に、11月までにイランの石油輸出をゼロにする新しい制裁を発表。それに反発したイラン強硬派が、ホルムズ海峡の封鎖を示唆している。また同じ日に、中国への報復関税を更に引き上げると発表。何も米国経済に非常に悪い影響を与えかねない。そのようなトランプ氏の国内経済を一次的にでも無視したディール外交政策が、今まで述べて来たような同氏の支持率不振の原因ではないかと、多くの識者が指

第 7 章　2018 年中間選挙前後の動向

摘しているにも関わらず——である。

　実は南北戦争後の米国大統領で、中間選挙で上下両院の双方で自分の党の議席を増やしたのは、2002 年のブッシュ大統領しかいない。その理由は言うまでもない。911 テロとアフガン戦争から、1 年しか経っていなかったからである。

　トランプ氏が中間選挙さらには大統領再選を乗り切るには、ここで何らかの軍事衝突を起こすことが一つの方法である。特に米国人に不信を買っているイランの石油輸出を 11 月までに止めると言うのは、中間選挙までに対イラン戦争を起こすことが目的である可能性がある。中国との戦争は、中国の南シナ海進出の速度等からすると、もう少し先ではないかと私は思って来たが、このままトランプ氏の支持率不振が続けば、2020 年中にはあるかもしれない。

　実際 Washington Examiner が 8 月 9 日に配信した "Trump wants Space Force up and running by 2020" によれば、トランプ政権は、オハイオ補欠選挙の 2 日後に、6 月に発表されていた宇宙軍創設の具体的な準備に入った。それは対中国も重要な目的の一つであり、2020 年までには完成させると言う。

　同記事によれば、米国が中国等に対して宇宙軍創設が遅れていた理由は、制服軍人も含むワシントンの既成官僚組織間での、予算やポストの奪い合いが大きかった。そのため既成官僚組織と深い関係のある民主党にも共和党主流派にもできなかった。しがらみの無いトランプ政権だからこそ出来た。

　このように中国(そして弾道ミサイルや核の開発を進めるイラン)も、世界にとって危険な国である。反理性主義者であるトランプ氏が、自らの大統領の地位を守るためにも、何らかの形で戦争を仕掛ける可能性は低くない。どうせなら早くやってしまった方が、被害が少ないという考え方もあると思う。

(2018 年 8 月 14 日)

2 オクトーバー・サプライズは起こるか？

米国の政治を巡っては"オクトーバー・サプライズ"という言葉が昔からある。つまり10月に何かの政治的事件が起こって、それが11月の選挙の結果に影響を与えるという意味である。2018年はカバノー最高裁判事の承認問題が、それだと言われている。

ブレット・カバノー
裁判官
©U.S. Federal Government

7月にトランプ大統領に指名されたカバノー氏は、9月中に上院で承認される筈だったが、その直前に彼に高校時代に性的な暴行を受けたと主張する女性心理学者フォード博士が現れ、承認が難航していた。

しかしThe Hillが10月6日に配信した"Senate installs Kavanaugh on Supreme Court"という記事によれば、コリンズ上院議員（共和党）とマンチン上院議員（民主党）の賛成、マカウスキ

スーザン・コリンズ
上院議員
©U.S. Federal Government

上院議員は共和党だが反対に回ったが、娘の結婚式で欠席した同じ共和党のデインス上院議員の"Present"（出席）投票の代理を行った（これは非常に単純化すると0.5票の賛成票を入れたのに近い）。

その結果として50対48でカバノー氏は承認された。

Federalistが10月5日に配信した"Collins, Manchin Announce Support For Kavanaugh, Paving Way For Supreme Court Confirmation"によれば、コリンズ氏は、フォード氏を信用しつつも、民主党の不適切な情報リークに対して"適正手続"の立場から、またマンチン氏は選挙区のウエスト・バージニアでカバノー氏の支持

第 7 章　2018 年中間選挙前後の動向

率が非常に高かったため賛成に回った。

またマカウスキ氏は、VOX が 10 月 5 日に配信した "Why Alaska Natives pushed Sen. Lisa Murkowski to say no to Brett Kavanaugh" によれば、選挙区のアラスカの原住民が、カバノー氏の合衆国原住民の権利等に対する見解に対し反発が強いため、上記のような行動を取った。彼女は一度、共和党の予備選に負けた後に、アラスカ原住民の支持で無所属で返り咲いたことがある。

ジョー・マンチン
上院議員
©U.S. Federal Government

FOX が 10 月 9 日に配信した "Winners and losers in the Kavanaugh confirmation fight" では、この承認劇の勝者と敗者が誰か？

「勝者」
・トランプ大統領＝選挙以来、本当の信頼で結ばれていなかった保守主流派の、絶対的な信頼を勝ち取った。
・フレーク上院議員＝FBI による再調査を行わせることで世間の評価を高め、2020 年大統領選挙への足場を築いた。

「敗者」
・アベナッティ弁護士＝もともとトランプ氏を愛人関係だったとして脅迫していた AV 嬢の弁護士だったが、今回もフォード博士以外にカバノー氏に学生時代に襲われたと信憑性のない証言を行った女性の弁護をして、自分の信用も落とした。
・FBI ＝ロシア疑惑で共和党から不信を買っていたところへ、この度のことで民主党からも不信を買った。
・マカウスキ上院議員＝保守派を怒らせ、サラ・ペイリン氏等は彼女の再選の時に対抗馬になって決着を付けると言っている。
・女性運動家＝極端で暴力的な活動で信用を失い、何人かは起訴されている。

・米国自身＝セクハラ問題等で、ますます男女間等の社会的分断が深まった。

以上であるが中間的な存在として…、

・コリンズ上院議員＝左派が反発して落選運動に既に300万ドルも集めている上、自身の選挙区（メイン州）でも有権者の半数以上の不信を買った（彼女は元々、共和党でも最左派だった）。

マイケル・アベナッティ
弁護士
©Luke Harold

だがコリンズ議員は、保守派の絶対的支持を得た上、例えば1992年に同様に保守派最高裁判事を巡る問題を擁護した共和党議員の落選運動を女性団体が大掛かりに行った時、5か月後には皆が忘れていて1人しか落選させられなかった（コリンズ氏の次の選挙は2年後である）。

そうは言っても同記事でも、トランプ大統領が勝った州の選出で、今回は承認反対に回った3人の民主党上院議員は落選するだろうが、ヒラリーが勝った25の選挙区選出の共和党下院議員は、相当の落選の危険が高まったと書いている。

実際 The Hill が10月7日に配信した "Dems see blue 'tsunami' in House as Senate path narrows" によれば、約30の下院小選挙区で、民主党が共和党に逆転勝利する勢いであり、同じくらいの選挙区で、200万ドル以上の寄付金が民主党に集まっている。民主党選挙委員会への寄付も3倍に増えた。

しかし共和党への寄付も3倍に増えており、7月には12%も民主党に負けていた投票意欲も、今は2%差程度。先に述べた3人の民主党の上院議員を追い落とせそうなだけではなく、劣勢だったテキサス州とテネシー州も盤石な態勢になっている。

なお NewsMax が10月10日に配信した "Majority Oppose Kavanaugh, Support Grows Among GOP" によれば、カバノー氏

第7章　2018年中間選挙前後の動向

承認に、民主党支持者では女性暴行疑惑が出る前に反対63％が疑惑発覚後は91％。共和党支持では疑惑発覚前は賛成74％に対し発覚後は89％。また女性だと疑惑発覚前に反対33％、発覚後53％。男性は疑惑の発覚前に賛成40％反対25％だったが発覚後は41％同士で同数。やはり党派や性別による分断と不信が拡大している。

FOXが10月3日に配信した"It's Eye-Opening': Kurtz Highlights 'Choreographed,' Soros-Linked Protests Against Kavanaugh"によれば、前述のような暴力的な活動を行った女性団体に、グローバリストのジョージ・ソロス氏が、150万ドルもの寄付をしていた。そして同じFOXが9月26日に配信した"What Role Is George Soros Playing in Anti-Kavanaugh Protests?"によれば、このころ行われたカバノー氏承認反対の女性デモは、2つの左翼系団体に動員されたものだったが、この2つの団体は何とジョージ・ソロス氏から2億5,000万ドルもの寄付を受けて来た。

ジョージ・ソロス
ハンガリー系ユダヤの投資家
©Niccolò Caranti
https://commons.wikimedia.org/wiki/File:George_Soros_-_Festival_Economia_2018_1.jpg

やはり今の米国では、グローバリストと民族派の、見えない戦争が起きているのかも知れない。ソロス氏に象徴される前者が、米国を分裂させようとしていて、トランプ大統領に象徴される後者こそ、米国を再生させようとしていることは言うまでもない。

FiveThirtyEightが10月6日に配信した"How Kavanaugh Will Change The Supreme Court"という記事によれば、カバノー氏はロシア疑惑に関しても、トランプ氏に有利な判断をすると思われるが、オバマケアの廃止そして妊娠中絶反対といった、米国の伝統を

守る判断をする可能性が高い。言わば民族派のホープである。

　Federalist が 9 月 28 日に配信した "Ford Argued Trauma Improves Memory, But That's Not What The Science Says" によれば、フォード博士は心理学者にも関わらず、トラウマ的記憶は時間と共に強化されると主張しているが、逆もあるのが科学的常識である。またリベラル派の USA TODAY が 10 月 1 日に配信した "3 big questions hanging after Christine Blasey Ford's testimony on Brett Kavanaugh" によれば、彼女は、"事件" のトラウマによる自分のカウンセリング記録を情報開示しない、どうやって事件の日に家に帰ったかを言わない、"事件後" に「加害男性」の友人に何回か会っている等、多くの疑問が彼女の証言にある。同じ日にヘリテージ財団が配信した "7 Inconsistencies or Gaps Identified by Christine Blasey Ford's Questioner" という報告によれば、共和党の依頼で彼女を尋問した性犯罪専門の女性法律家は、"7 つの疑問から、これは事件にならない" と明言している。

　フォード博士も何らかの意味でグローバリストの 1 人なのかも知れない。何れにしても下院だけでも民主に多数を取られたら、米国の極端な軍事予算削減等で、日本も困る可能性がある。

　FOX が 10 月 9 日に配信した前掲記事でのコリンズ上院議員に関する記述にもあるように、"人の噂も 75 日" と日本でも昔から言われている。そして投票日までには、まだ何が起こるか分からない。

　共和党に有利な何かが起こるのを、日本の民族派も祈るしかない。例えばイラン戦争とか…。

（起筆：2018 年 10 月 10 日）

3　イラン、サウジアラビア制裁の陰に潜む諸問題

　WSJ が 2018 年 11 月 5 日に配信した "5 Things to Know About New U.S. Sanctions on Iran" には、以下のように書かれている。

第 7 章　2018 年中間選挙前後の動向

「11 月 5 日午前零時（日本時間同日午後 2 時）過ぎに発動される制裁措置は、特にイランの石油、港湾、海運や造船、金融セクターを標的としている。金融セクターでは主として保険会社と、イランの一般銀行・中央銀行との取引が対象となる。

　イランと石油取引を行う者、イランの銀行システムに関与する者はすべて、制裁対象となる可能性がある。違反した米国以外の国の企業は、罰金を科され、米国の金融システムから締め出される可能性がある。大半の国際的企業がドル建ての取引環境を必要としていることを考えれば、米金融システムからの排除は大きな圧力となる。

　イラン政府の歳入で石油は大きな割合を占めている。（中略）昨年は国内総生産（GDP）の 12％だった。国際的な銀行決済システムから締め出されることにより、イランは取引先からの支払い代金の受け取りも極めて困難になる。（中略）10 月初めの段階でイランの原油生産高は日量 330 万バレルで、5 月時点の約 380 万バレルから減少している。この減少によるイランの損失は月間約 10 億ドル（約 1,130 億円）に上る。」(WSJ 日本語版より引用)

　しかしワシントン・ポストが 11 月 12 日に配信した "U.S. to allow eight countries to temporarily import Iran's oil despite sanctions" によれば、日本を含む 8 つの国が "国際石油価格安定の為" に例外的に、後 180 日間のイランとの石油取引を許可され、また国際的な銀行決済システムで最も有力な SWIFT (Society for Worldwide Interbank Financial Telecommunication SCRL) からの締め出しも、イランの全銀行には適用されない可能性もある。

　これは当初から考えられていたものからすると不十分なものであり、その為 BBC が 11 月 5 日に配信した "Rouhani defiant as US re-imposes measures" によれば、イランのロウハニ大統領は "我々は誇りを持って制裁を突破する" と述べ、Washington Examiner が 11 月 1 日に配信した "John Bolton refuses to tout

Iran sanctions plan that disappoints hawks" によれば、超タカ派のボルトン大統領補佐官は、この制裁の発表には同席しないという。

なぜ、このような形になったのか？
それは、10月2日に起こった、サウジ人ジャーナリストのカショギ氏"行方不明事件"と、深い関わりがある。

この事件に関して私は当初"イランを追い詰めても中間選挙の投票日までにイラン＝サウジ戦争にならなそうなので、そこでサウジを追い詰め中間選挙の投票日までに戦争を起こさせるための仕掛けではないか？"と考えた。

例えばカショギ事件から1週間後の10月9日にワシントン・タイムズが配信した"Trump set on taking 'America First' to next level at U.N., diplomats say"によれば、ヘイリー国連大使の辞意表明は、これから今ま

ジャマル・カショギ
サウジアラビア人記者
©POMED
https://www.flickr.com/photos/154085524@N02/26087328517

ニッキー・ヘイリー
元国際連合大使
©U.S. Federal Government

で以上に厳しい状況が予想されるためで、後任としてボルトン大統領補佐官の国連大使時代の副官の名前が、取り沙汰されている。そのボルトン氏が中心になって取りまとめたと思われる、10月に発表された新しい対テロ政策では、今までの政権が避けて来た、"イスラム原理主義との闘い"という文言が織り込まれている（FOXが10月4日に配信）。これはヨルダン等の穏健派諸国ではなく、イランを標的にしたものである。

明らかに緊張は高まっていた。だが実際は私の推測とは逆だった

可能性が高い。

ワシントン・ポストが11月1日に配信した"Saudi crown prince described journalist as a dangerous Islamist in call with White House, officials say"によれば、カショギ氏"行方不明事件"の数日後にクシュナーと電話会談した時、サウジアラビア皇太子は"カショギ氏は危険なテロ的でイスラム原理主義者のムスリム同胞団の一員だった"と述べたという。この記事ではカショギ氏の家族の話として、それを否定しているが、家族の証言は信用できない。

実際、同記事でもイスラエルのネタニヤフ首相とエジプトのシシ大統領が、トランプ政権に対して、サウジ皇太子の支持を表明したという。イラン包囲網を作ることが目的と言われているが、エジプトはムスリム同胞団の発祥の地で、今の大統領はムスリム同胞団が"アラブの春"で作った政権を倒して、大統領の地位に就いた人物である。また同記事では、サウジがムスリム同胞団の拠点と化したカタールと、昨年に断交したことにも言及されている。これも"アラブの春"が、自国に飛び火することを恐れてのことだろう。

ところでNewsweekが10月19日に配信した"JAMAL KHASHOGGI SECRET INTERVIEW"の中でカショギ氏本人が、このカタールの問題に触れており、"アラブの春"を擁護するかのような発言を行っている。そしてカショギ氏は、サウジ王家を中心とするワハブ派は、同じイスラムの他の宗派に不寛容で、自分は真のイスラム的改革を行いたいのだ——と受け取れる発言もしている。

また「世界日報View Point」が10月16日に配信した"トルコ、サウジの信用失墜画策か"というカイロの鈴木眞吉氏の記事でも、エジプト筋の情報として、カショギ氏がムスリム同胞団関係者だったこと、ムスリム同胞団の今では最大の庇護者であるエルドアン大統領の率いるトルコがサウジに都合の悪い情報を小出しにしていること、カショギ氏の婚約者がトルコ情報部関係者で信用できないこ

と——等々が報じられている。

　ワシントン・ポスト11月1日配信前掲記事でもトルコのリーク戦術によりサウジが国際的に追い詰められる様子が見て取れる。そして同記事では"トランプ氏は、カショギ氏が死ぬならば、「厳罰」があると言ったが、その罰が何か定めていない"とも書かれている。

　WSJが10月19日に配信した"Saudi Journalist's Disappearance Reshapes Mideast Power Balance"には以下のように書いてある。
「　主要な勝者は、（中略）エルドアン大統領のように見える。彼はこの機会を捉え重大な岐路に立たされていたワシントンとの関係の改善を図り（中略）、サウジの中東地域での野望に挑戦しようとしている。（中略）一方イランは、イエメンにおいてサウジ主導の軍事行動で民間人の死者が出ていることに国際的批判が高まる中、大敵サウジの今回の自滅行為を、はたから見物して楽しんでいる。」（WSJ日本語版より引用）

レジェップ・タイイップ・エルドアン
トルコ大統領
© Minister-president Rutte

　「見物して楽しんでいる。」だけか？　ムスリム同胞団はスンニ派、イランはシーア派。だが同じイスラム原理主義である。そしてトルコの石油輸入の半分はイランからのもので、トルコも今回のイランからの石油禁輸を猶予された8つの国の一つである。9月22日の同国内での軍事パレードが何者かに攻撃され、25名の死者が出た事件を、イスラエルか米国の仕業と非難して以来、反イラン派の拠点等に対する弾道ミサイルの発射を続けていたイランが、カショギ氏事件以来、鳴りを潜めているのも気になる。

　どうやらカショギ氏事件は、イラン（更にはロシア）に動かされた、トルコの仕掛けだった可能性が低くない。それだけではない。

第 7 章　2018 年中間選挙前後の動向

ワシントン・ポストが 11 月 16 日に配信した "CIA concludes Saudi crown prince ordered Jamal Khashoggi's assassination" によれば、トルコが各国に提出したカショギ殺害に関する音声データだけではなく、自らが盗聴していた複数の音声データ等に基づき、CIA はカショギ氏の殺害を、サウジ皇太子の命令と断定した。

ムハンマド・ビン・サルマーン
サウジアラビア皇太子
©U.S. Federal Government

私の当初の推測は一部は当たっていて、米国の情報機関も最初からカショギ氏殺害に関係していた。だが、それはトランプ氏の意向よりはロシア疑惑と同様に、トランプ氏の戦略を妨害しようとする CIA を含むワシントン既成勢力の陰謀ではないか？

何れにしても以上のような事情により、サウジを頼りに出来なくなったため、トランプ政権は中間選挙以前のイラン＝サウジ戦争を断念したと考える方が今の段階では良いようだ。

しかし、より大きな問題があったかも知れない。

ワシントン・ポストが 11 月 4 日に配信した "Democrats lead in House preferences, but positive views of the economy and concern about border security may buoy Republicans, poll finds" によれば、10 月末段階で有権者登録している人の内、民主党支持 50％対共和党支持 43％。この 7％差は民主党が、議会の多数を取り戻すのに不十分な数字ではないが、この数字は 8 月には 14％で 9 月には 11％だった。民主党の支持率は共和党に肉薄されつつある。トランプ氏支持率も 36％から 40％に上昇。経済良好という回答も 60％から 71％に上昇。移民キャラバン問題のお陰で共和党は、国境警備に関して 10％も民主党より信頼されている。逆に医療保険問題が最重要と考える人では、民主が共和を 39％上回っていて、

それが自分の最重要課題だと考える人は17％。だが経済も15％で、国境警備を含む出入国管理も14％。移民キャラバン問題が出てから共和党支持者の出入国管理に対する重要視は14％から21％に増大。民主党支持者では逆に23％から11％。出入国管理を最重要に考える人が共和党に投票する可能性は民主党に投票する可能性より12％高い。特に国境警備が最重要問題と考える人々は、下院で共和党に投票する可能性が、民主党に投票する可能性より42％も多い。

この趨勢は、移民キャラバン問題が出た10月半ばから他の世論調査等でも確認されていた。例えばワシントン・ポストが10月27日に配信した"Critics say Trump has fostered the toxic environment for the political violence he denounces"では、トランプ氏が移民キャラバンを操っているのはジョージ・ソロス氏だという噂の拡散に加担したために、二件の凶悪事件（注：パイプ爆弾事件とシナゴーグ銃撃事件）が起きたと批判している。だが同じワシントン・ポストが、やはり10月27日に配信した"In the closing days of the election, Trump turns to his favorite weapon"によれば、今回の中間選挙で米国の有権者が重視する政策の中で、移民問題は経済や医療保険に次いで重要で、国境警備に関して頼りになるものは、トランプ氏が民主党を8％上回っている。

前にも書いたが、今の米国は不法移民等を使って米国を混乱させ、自らの思い通りの無国籍で国際的ビジネスのやり易い国にしようとするジョージ・ソロス氏的なグローバリストでリベラル派のユダヤ系を中心とする人々と、自らの宗教に熱心な民族派ユダヤ（注：トランプ氏に対するユダヤ系米国人の支持率は20％程度だが、これはユダヤ系米国人の中の宗教的民族派の人々である。トランプ氏の娘婿の少なくとも父親は、宗教的民族派のユダヤ系米国人であり、イスラエルのネタニヤフ首相の盟友である。）や、あるいは福音派の白人等との間で分断され、"見えない内戦"状態にあるようだ。

(吉川補足：但しソロス氏は 2019 年に入ってから、"人間の自由を抑圧する国家"として、中国を厳しく批判している。国内問題と国際問題では、立場が違うとも言える。ただ私見だが、グローバル経済を推進するには、もう中国共産党を倒さねばならないという計算も、ソロス氏にはあるのではないか？）

何れにしても、この趨勢なら無理に戦争を起こさなくとも、中間選挙で共和党に不利な結果は出ないのではないか？

そう考えたトランプ氏が、無理にイラン＝サウ戦争を起こしたりする必要はないと、考えた可能性もあると思う。

では中東大戦は、これから起こる可能性はないのか？

そうは思わない。それに関しては第 8 章第 3 節で詳述したい。

（起筆：2018 年 11 月 6 日）

4 2018 年中間選挙は、トランプ大統領の勝利かもしれない

2018 年 11 月 6 日の米国中間選挙で共和党は、上院での過半数を維持したものの、下院では約 40 議席を失って、過半数を民主党に奪回された。これを以ってトランプ氏の"敗北"と考える人は多い。

だが、そうだろうか？　むしろトランプ共和党は劣勢を挽回して、勝利したとのではないか？　それに関して分析を加えてみよう。

そもそも中間選挙では現大統領の政党は、議席を減らすのが普通なのだ。権力のチェック・バランスを国民が求めるからだろう。南北戦争以来、現職大統領の政党が下院で議席を増やしたのは、3 回しかない。1934 年と 2002 年は、何らかの意味で"戦時"だったからだろう。1998 年は、経済好調および共和党のクリントン弾劾作戦に無理があり、国民の不信を買った等の特殊事情によると思う。

何れにしても、例えば 2010 年にはオバマ氏は上院で 6、下院で 63 議席を奪われている。下院で約 40 議席を失い、上院では議席を

増やした今回の中間選挙は、トランプ勝利と言って良い。

しかも WSJ が11月7日に配信した "Trump Did What He Needed to Do in the Midterms" によれば、選挙戦終盤でのトランプ大統領の凄まじい選挙応援のお陰で、特に上院の共和党は、負けそうだった選挙区で勝っている。その恩を彼らは忘れないだろう。

つまり下院で仮に弾劾案が通っても、上院で否決される。今までの政策が否定されることもない。次の最高裁判事も決められる。

またヘリテージ財団が11月7日に配信した "So Much for a 'Blue Wave' ─4 of the Biggest Midterm Takeaways" によれば、トランプ氏がヒラリー氏に勝った州の民主党上院議員で、最高裁判事承認に反対した人は、全て落選している。一人だけ民主党だが最高裁判事の承認賛成に回った候補だけが当選していて、これも考えようではトランプ大統領の勝利である。

逆に民主党「次世代エース」と呼ばれた極左系新人候補は、殆ど落選した。中には共和党候補の倍近い資金を集めた候補もいたにもかかわらずである。

更に The Guardian が11月7日に配信した "The midterms were not a bad night for Trump" では、民主党には共和党に近い保守系議員も、サンダース氏に近い極左の議員もいる。今回、確かに北米原住民系候補者やイスラム系候補者、LGBT の候補者そして多くの女性議員が当選した。この"多様性"が民主党の力の源泉でもあると同時に、弱点でもある──と指摘されている。

例えば主流メディアが「米国政界刷新の希望の星」扱いしているオカシオ＝コルテス氏という女性は、サンダース氏の支持で民主党予備選挙に勝った

アレクサンドリア・オカシオ
＝コルテス下院議員
©U.S. Federal Government

第 7 章　2018 年中間選挙前後の動向

が、メキシコ国境での「親子引き離し」問題で、反トランプの機運が高まっていた時に、民主党 No. 2 といっても、高齢・多選の相手を破って民主党候補になれただけである。しかも Daily Beast が 8 月 17 日に配信した "Who Will Give Alexandria Ocasio-Cortez the Honest Advice She Needs?" によれば、"医療保険を充実させれば皆が長生きして、葬式費用が安くなる" 等の知能指数を疑われる発言が多く、そのためか FOX が 8 月 11 日に配信した "Ocasio-Cortez Accused Primary Opponent of 'Avoiding a Debate'" によれば、決して保守派との討論会等に応じない。

　そして彼女は、当選後の 2019 年 2 月 7 日に、Green New Deal という政策を発表した。これは大きく要約すると、
1．今後 10 年で化石燃料の採掘と化石燃料の使用（自動車、飛行機等）を全て禁止し、その代わりに自然エネルギー発電と電気自動車、高速鉄道を普及させる。
2．完全な学費無償化と実質的な医療費の完全無償化および誰もが完全で多額の失業保険や年金をもらえる制度の設立。
といったことになるのだろうが、これに関しては…、

　例えば FOX が 2 月 17 日に配信した "Green New Deal would destroy American Dream, create American Nightmare" によれば、
1．それらの費用を国債の発行で賄ったとして、いま年間 3,640 億ドルの国債利払いが、10 年後には 1 兆ドル以上になり、政府の破綻や極端なインフレ発生のリスクを、非常に高める。
2．大学生が現時点で 1,330 万人いて、公立大学の平均年間学費が 1 万ドルなので、これから 10 年間で学費無償化だけでも、1 兆 3,300 億ドル以上の資金が掛かる。
として Green New Deal は、危険な社会主義だと主張している。
（吉川補足：私見だが、もし完全な失業保険や年金——掛金を払っていなかった人でも貰える高額な失業保険や年金の制度が出来たと

したら、すべての人が働かない"怠け者"ばかりの社会になると思う）

またNews Maxが2月19日に配信した"Green New Deal Doubles Down on Stupid"も同様に論じ、さらに

3．オバマは900億ドルの補助金で、自然エネルギー産業を育てようとしたが、その補助金を受け取った会社の多くが破産しており、それでも2020年の段階で全米の電力需要に占める自然エネルギー発電の割合は、17％程度である（FOX前掲記事では、これを実現しようとすれば、太陽パネルの設置等で、多くの森林が破壊され、却って環境破壊になるという）。

4．オバマの80億ドル補助金でも、高速鉄道は実現しなかった。

そして両記事ともに、このGreen New Dealを実現しようとすれば、（主として化石燃料の採掘等に関わる）多くの労働者が失業し、重大な経済危機になると警告。特にNews Maxの記事では、そのような産業が、トランプ氏がヒラリー氏に逆転勝利した州に多いことから、これは共和党へのプレゼントであるとまで書いている。

何とリベラル派のワシントン・ポストまで2月12日に配信した"The press needs to ask hard questions on the Green New Deal"の中で、殆ど同じ意味のことを言っているのである！

やはり同議員は、知能指数に問題がありそうだ。

またヘリテージ財団が11月16日に配信した"She Opposes Israel at Every Turn. Now, She's Going to Congress."という報告によれば、2016年中間選挙で民主党下院議員になったイスラム系の女性オマール氏は、米国やEUの有力政党の多くが、反ユダヤ主義団体として批判する国際テロ集団ハマスとの関係も取り沙汰さ

イルハン・オマール
下院議員
©U.S. Federal Government

れる"boycott, divestment, and sanctions"（BDS）運動——パレスティナ問題の解決を、イスラエルに強要するため、イスラエルへのボイコット、投資停止、制裁を行う運動——の支持者である。

実際、FOX が 2019 年 2 月 11 日に配信した "Dem Rep. Omar apologizes for Israel comments, calls out 'problematic' role of AIPAC, 'other lobbyists'" によれば、オマール議員は 2 月 10 日に、ユダヤ系ロビー団体（とイスラエル国家）を厳しく批判するツイートを行い、民主党内からさえ"差別主義者"として激しい批判を浴びて、"あれはロビー活動全体への批判だった"という苦しい釈明を行わざるを得なくなっている。

このように"多様"な集団が、まとまって活動することが可能だろうか？　実際、2019 年 2 月後半から共和党は、Green New Deal を国会決議にかける等の方法で、民主党を穏健派と極左に分裂させる戦略に出ている。

2016 年中間選挙でも、事前の民主党予備選で、主流派と極左の候補が対立したことが、民主党が"大勝利"できなかった理由の一つで、これは 2020 年の大統領選でも、同じ現象が起こり、トランプ氏を有利にする可能性も低くない。

CNN が 11 月 7 日に配信した "7 takeaways from election night 2018" でも、2020 年の選挙で重要になる"激戦州"であるフロリダとオハイオで、共和党が州知事選挙に勝ったことも、2020 年トランプ再選には重要な布石である——と指摘している。

（余談だが The Hill が 8 月 29 日に配信した "Gillum to face tougher road in Florida after primary stunner" という記事によれば、民主党フロリダ州知事候補だったギラム氏も、サンダース氏の応援で民主党候補になった人物だが、民主党主流派の分裂のために、34％程度の票で予備選に勝ったに過ぎない。これでは本戦敗北は当然である。しかも彼は州内の某市の市長なのだが、市の再開発を巡

る不正に関してFBIに追及されていた。

　サンダース氏の応援で予備選に勝って民主党候補になれたのは、このギラム氏とオカシオ＝コルテス氏の二人くらいである。）

　またCBSが11月7日に配信した"Key takeaways from the 2018 midterm elections"でも、中間選挙直前に政治資金問題等で起訴された共和党下院議員2名も当選したことを指摘。

　つまりトランプ共和党の基盤は、実は強固なのである。

　それでも下院で過半数を取られた理由の一つは、WSJが11月7日に配信した"A Democratic House"によれば、トランプ氏の政策を支持する人は44％いるが、その半分くらいの人がトランプ氏個人を嫌っている。これはブッシュ二世の5倍、オバマの10倍である。もし、このことがなければ、経済好調の2018年の米国では、もう少し良い結果が共和党に出ても良かったのではないか？

　もちろん言われているように、郊外の女性有権者が反トランプに回ったことも大きい。WSJの調査では、そもそも女性の55％が、民主に投票している。特に大卒の女性では62％もの人が、民主党に投票している。また郊外や都市部に行くほど小都市や農村とは逆に、民主党への投票が過半数から6割以上になる（WSJ日本版11月7日配信「チャートで見る米中間選挙、有権者はどう動いたか」）。

　またCBS前掲記事によれば、今回の選挙で投票した人に占める生まれて初めて投票する若者の比率は17％。この数字は共和党が大勝した2010年には3％。

　このように"女子供の感情論"で、国家や精神的共同体を守るために闘っているトランプ氏のような指導者の政党の議席が減ったりする「民主主義」という政治システムには、何か非常に間違ったものがあるのではないかと、最近の私は考えている。

　何れにしてもCBS前掲記事によれば、今回の選挙で民主党が得た無党派層の支持は12％。これも共和党が大勝した2014年には、

逆に共和党が12%の支持を彼らから受けている。

　その理由は、トランプ大統領の中道的政策への妥協が少なかったことにあるのではないか？——とWSJ前掲記事"A Democratic House"は指摘している。例えば子供の頃に親に連れられて不法入国し、その後に教育も受けて米国社会で労働もしているドリーマーと呼ばれる人々の、米国居住合法化を認めることと引き換えに、国境警備強化や米国とメキシコ国境での「壁」建設等を実現していれば、例えば国境での「親子引き離し」のような女性が反発するような結果にならなかったかも知れない。郊外に住む共和党の支持者は、国境警備の強化を求めているが、人道的な移民政策も望んでいて、トランプ氏は移民政策を修正する必要がある。

　WSJが11月8日に配信した"Democratic House Threatens Trump's Business Agenda"によれば、下院過半数を取得した民主党は、トランプ政権の通商交渉を遅らせることで、結果として保護貿易的な政策を実現しようとするのではないか？　税制に関しては、金融取引や海外事業に対する課税強化。またトランプ氏が問題化したため、大きな社会問題になっている薬価引下げに関しても、国民の関心を集めるため、積極的に議会で追及する可能性も高い。

　ところが以上の政策は、トランプ氏が予備選挙時代から実現を望んでいたが、共和党から選挙に出てしまったため、積極的に実行できなくなった政策なのだ。WSJ前掲記事"A Democratic House"によっても、ドリーマーの米国居住の合法化を国境警備強化実現の取引材料にすることも、トランプ氏は考えていたのが、共和党保守派系の顧問に反対されて実現できなかった。

　このように考えるとトランプ氏は、民主党と部分的な取引をして、今後の2年間で以上のような諸政策に力を入れる可能性がある。無党派層の支持を回復する実績を積んで、2020年の再選を目指すために…。今回の選挙で共和党内での指導力は却って高まったので、

党内の反対も少ないかもしれない。

そして民主党は前述のように、"多様"過ぎる政党である。個別の政策ごとに、部分、部分と協力することも考えられる。

因みにワシントン・タイムズが11月7日に配信した"Trump endorses Nancy Pelosi for speaker of the House"によれば、トランプ氏はペロシ民主党下院院内総務が、下院議長になることを推薦したという。同紙が同日に配信した"Trump, Pelosi offer visions of bipartisanship after midterms"によれば、既に二人の間でインフラ整備や医療保険改革等に関する合意が、形成されつつあると言う。何れもトランプ氏の鉄板の支持者である、"貧しい白人"向けの政策である。もともと民主党の政策であるかもしれないが…。

第2章第4節でも書いたが、そもそもトランプは民主支持者だった。そしてペロシ氏は女性ながら凄まじい政治資金力で下院議長になった。その時(2006年)はトランプ氏は民主党支持者だったので、ペロシ氏はトランプ氏からも莫大な政治献金等を受けた可能性は低くない。そのためかトランプ氏が大統領になってからも、共和党を飛び越えてトランプ氏とペロシ氏の間で協定が結ばれたことは前にもあった。

今後も二人の間で、政策協調が行われる可能性も低くない。上手く行けばトランプ氏の業績になり、2020年の再選も容易になる。

上手く行かなければ、"上手く行かないのは下院民主党の責任"と主張することが出来る。こうして"敵"を作ることで自らへの支持を強化するのは、トランプ氏の得意とするところである。

今まで述べて来たことからして、2020年再選への道筋は、むしろ広がったのかも知れない。"今回の中間選挙は、トランプ大統領の勝利かもしれない"というのは、そのような意味である。

(起筆:2018年11月13日)

第8章
2020年大統領選挙に向かって…

1　民主、共和両党の分割統治

　今回の中間選挙の結果としてトランプ大統領の再選への道筋が開けたと書いたが、不安材料もある。ミシガン、ウイスコンシン、ペンシルバニアといった、トランプ氏が民主党から奪回した州で、共和党の州知事や上院議員候補が敗れている。これはトランプ氏本人が立候補していれば、何とかなったのかもしれない。

　だが Daily Beast が11月9日に配信した"Don't Look Now, but the Mountain West Is Turning Blue"によれば、これらの州にモンタナ、アリゾナ、コロラド、ニューメキシコそしてテキサス等の中西部の州で、ヒスパニック系人口が増えている。その結果、例えばアリゾナでは、2016年にヒスパニック系投票率が15％だったのが、2018年には18％。そのうち民主党への投票が、2016年には53％だったのが、2018年には69％。（注：実際にアリゾナでは共和党の候補が落選している）

　ブルッキングス研究所が11月9日に配信した"Brookings scholars react to the 2018 midterms"によれば、共和党は民主党より7％差で得票に負けていて、これは2014年より10％低い。トランプ大統領の不支持も、支持を10％上回っている。投票率も37％から49％に跳ね上がった。

　同じブルッキングス研究所が11月8日に配信した"2018 exit polls show greater white support for Democrats"という報告によれば、今までは平均して28％のマイノリティの投票率が、2018年は過去最高の38％。白人は2016年に民主党より共和党に20％多く投票したが、その差は2018年には10％。ミレニアム世代と呼ばれ

る20代の若者の内、白人は共和党より民主党に13％も多く投票した。大卒の白人女性は、2016年の7％に対して、2018年には20％も共和党より民主党に多く投票した。

The Hill が11月10日に配信した"Five lessons for 2020 from the 2018 exit polls"によると、民主党は全女性から同じ20％くらいの得票差を、共和党に対して得ている。この数字は2008年には13％、2012年には11％そして2016年には13％だった。更に白人女性に限っては、オバマ氏は7％、ヒラリー氏は9％も、票を減らしている。いかに2018年が、特殊かが分かるだろう。

トランプ氏の鉄板の支持者である高卒の白人は、確かに2016年の36％に対し、2018年は41％も共和党に投票している。しかし大卒の人は、民主党に対して共和党より20％も多く投票している。この数字はオバマ氏でさえ8％だった。

そして65歳以上の高齢者は、共和党に民主党より14％多く投票した。これは2016年の16％から2％下がっている。

こうしてみるとトランプ氏に不利な要素が多いように思われるかもしれないが、ヒスパニック系の民主党支持は約40％共和党を上回っているが、それは2016年と殆ど変わらない。共和党支持も約25％で変化がない。因みに2012年のロムニー氏はヒスパニック票で44％オバマ氏に負けているが、テッド・クルーズ氏は今年の選挙で僅差で民主党候補に勝った。しかも35％ヒスパニック票を取っている。

ヒスパニックはカトリック信者が多いため、妊娠中絶や同性愛結婚反対という意味で、共和党支持者も少なくないのではないか？

逆にミレニアム世代の若者は米国社会の格差拡大への不安から、"大きな政府"を志向する人も多い。

そこで第2章第4節でも書いたように、ヒスパニック系やミレニアム世代に、ピューリタンの精神を理解してもらえば、共和党は

第 8 章　2020 年大統領選挙に向かって…

100 年政権になるという考え方も出て来る。実際、ミレニアム世代の 25％は宗教保守派なので、全く有り得ない考え方ではない。しかし、それには時間が掛かる。2020 年には間に合わない。

そこでトランプ氏は中間選挙後、民主＝共和両党の分割支配を考えているのではないか？

Washington Examiner が 11 月 8 日に配信した"Anti-Pelosi faction works to increase numbers ahead of speaker vote"によれば、ペロシ氏が下院議長になることに反対の勢力が、民主党内で増えつつあった。また Washington Examiner が 11 月 10 日に配信した"Pelosi faces conflict with her caucus over 'Medicare for all'"によれば、特に国民皆保険的改革を目指す極左系の人々は、薬価の引き下げが先決だと考えているペロシ氏に対し、反発も大きかった。

何れにしても薬価引下げは、トランプ氏の政策の筈なのである！

そのためか Roll Call が 11 月 17 日に配信した"Trump Casts Himself as Pelosi's Speaker Savior"によれば、トランプ大統領は共和党の下院議員の少なくとも一部に対し、ペロシ氏に下院議長選で投票するように呼びかけている。前にも書いたように、ペロシ氏とトランプ氏は、浅からぬ因縁があり、また薬価その他の問題で具体的な政策実現のため協力し易い相手でもある。逆に不人気な彼女を"第二のヒラリー"に仕立てることで、2020 年の大統領選挙を有利に闘える。

また Washington Examiner が 11 月 9 日に配信した"McCarthy a virtual lock to lead House Republicans"という記事によれば、共和党下院院内総務には、穏健派の指導者で十分な資金力も持つマッカーシ氏が本命だっ

ケビン・マッカーシ
下院少数党院内総務
©U.S. Federal Government

た。しかし党内最右派自由幹部会の指導者ジョルダン氏は、ロシア疑惑への対応等を巡って、トランプ氏から非常な信頼を受けていた。The Hill が11月11日に配信した "Dem wins leave behind a more conservative GOP conference" では、自由幹部会は30人の議員が35人に増えた程度の人数なのだが、それだけでも勢いがあり、まして共和党も今回の選挙で多くの穏健派が落選し、党内の雰囲気が、とても保守化していると言う。

ジム・ジョルダン
共和党内最右派自由幹部会の指導者
©U.S. Federal Government

また National Interest が11月7日に配信した "The Midterms Prove Only One Thing: Trump Owns the GOP" によれば、ライアン下院議長も引退し、マケイン氏も亡くなり（吉川補足：コーカー上院外交委員長も引退し）、トランプ大統領に強く反対できる議員が、もう共和党にいなくなった。

11月14日にマッカーシ氏が下院院内総務になることが決まったが、共和党の雰囲気や、ジョルダン氏等の影響力が変わったわけではない。そのため2018年のクリスマス数日前から民主、共和両党の対立で、予算が成立せず、越年の政府閉鎖という異常事態となった。

そのような中、ペロシ氏は2019年1月3日、下院議長に選ばれた。しかし The Hill が同日に配信した "House elects Pelosi to second Speakership" によれば、12人の民主党下院議員がペロシ氏以外の人の名前を書き、その他3名が "Present"（出席したが賛否の態度を明らかにしない）票を投じた。そのため過半数218人より2人多いだけの220票で、ペロシ氏は当選している。同じ The Hill が同じ1月3日に配信した "The 15 Democrats who voted against Pelosi" では、ペロシ氏は "4年以上は下院議長を務めない" と約

束することで、党内反対派を抑えたにもかかわらずである。

そして同じ1月3日、FOXが配信した"Trump makes surprise appearance in WH briefing room, touts border wall support, congratulates Pelosi"によれば、この日の午後にトランプ氏は緊急記者会見を開き、ペロシ氏の下院議長就任を祝福している。多くの国境警備関係者が同席しており、そのため今回の政府閉鎖の最も大きな理由になっていた、トランプ氏の公約であるメキシコ国境との壁の予算を、部分的にでも民主党に認めてもらうための、演出の部分は小さくないだろう。だが上記のようなプロセスで選ばれた反対党の指導者を、トランプ氏が祝福したのである。

そしてWashington Examinerが2019年1月4日に配信した"Pelosi takes power and sets high bar for Trump impeachment"によれば、ペロシ氏はトランプ氏の弾劾手続きを下院で行う場合、超党派の賛成が必要だと考えると表明している。これは弾劾を非常に難しくすることであるのは言うまでもない。同記事によれば彼女を含む民主党指導者は、特別検察官の報告等により、トランプ氏の信用を落とし、2020年にホワイトハウスを奪回する戦略を重視していて、上院で可決される見込みのない弾劾手続きを行うことで、国政を停滞させた責任を国民から追及されるのを恐れている。しかし今回の選挙で当選した新人議員――特に極左系――の中には、トランプ氏弾劾手続きを大至急行うべきと主張している人もいて、このままでは民主党が分裂する可能性も心配される。

やはりトランプ氏とペロシ氏の間には、最低限の繋がりが裏側であるのではないか？

実際、2019年1月25日に約1か月に及んだ政府閉鎖が、トランプ氏の妥協により、国境の壁の予算を含まないまま、3週間だけ解除された。それに関しNPRが1月26日に配信した"7 Takeaways From The Longest Shutdown In U.S. History"によれば、歴史上

最長の政府閉鎖で、トランプ大統領から妥協を引き出したことにより、ペロシ氏の民主党内での指導力は飛躍的に高まった。それと同時に民主党の中にも、壁の建設以外の国境警備に使われるなら、トランプ氏が求めていた57億ドルの"壁"関係予算と、同額の予算を認める用意が出来ていた。その理由はCBSの調査によれば、米国民の52％が「もう民主も"壁"を含む予算を認めるべきではないか？」と考え始めたからだという。

　News Maxが1月25日に配信した"Trump Gets Blame on Efforts to End Shutdown"によれば、ABCとワシントン・ポストの共同世論調査の結果、トランプ大統領の支持率は37％に低下、不支持は約60％。これは今回の政府閉鎖解決に関するトランプ氏の動きへの支持、不支持と殆ど同じである。ところが政府閉鎖解決に関するペロシ氏の動きへの支持と不支持の率も、ほぼ同じくらいなのである。いわば痛み分けである。

　シカゴ・トリビューンが1月25日に配信した"'Prisoner of his own impulse': Inside Trump's cave to end the shutdown without a wall"は、今回の政府閉鎖と、その解除の過程等に関する関係者の動きに関し、最も興味深い記事であるが、その最後にはジョルダン氏ら共和党内強硬派の責任を指摘しているとも読める部分があり、また約30人の民主党下院議員が、トランプ氏が政府閉鎖解除を行ってくれれば、国境の壁建設予算を認めても良いという書簡を、トランプ氏に送ったという事実も書かれている。ワシントン・タイムズが1月27日に配信した"Trump's base holds firm despite shutdown setback"によれば、この（吉川補足：恐らく前記の）30人は、2016年の選挙でトランプ氏がヒラリー氏に勝った選挙区選出で、その内22人が新人議員である。

　そのためか2019年2月14日、米国上下両院は、予算案を通過させた。その中には国境警備強化のための予算も含まれてはいた。

第8章 2020年大統領選挙に向かって…

　だがトランプ大統領がメキシコ国境との壁建設のために求めていた57億ドルではなく、13億7,500万ドルしか盛り込まれていなかった。しかしトランプ氏は、昨年末から30日以上も続いた政府閉鎖に対する批判に配慮し、その予算案に署名。その代わりに国家非常事態を宣言し、軍の建設予算や違法薬物対策予算等を付け替えて、およそ80億ドルの予算を国境の壁建設に使う方針を示した。これは当然、民主党等から今後、訴訟等を起こされる可能性がある。

　以上の諸件に関しては、米国でも日本でも、トランプ氏の立場を弱体化させる失敗と報道するメディアが多い。だが、そうだろうか？

　例えばThe Hillが2月14日に配信した"Winners and losers in the border security deal"でも、同様のことが書いてある。そして今回の攻防のお陰で、ペロシ下院議長の党内での指導力が急激に向上したとも述べている。彼女が2019年初には、自ら任期制限を申し出たにも関わらず、民主党から15人の反対が出たため、やっと過半数を2票超えて下院議長になれたような人物なのにである。

　私は繰り返し"元民主党支持者のトランプ氏と、思想的には極左に近いが現実主義者で強力な資金力を持つペロシ氏との間には、未だに一定の裏協力があっても不思議ではない"と言って来た。そのペロシ氏の党内指導力が向上したことは、これからのトランプ氏の政権運営にとって、むしろ長い目では望ましいことかもしれない。

　では、なぜ国境警備予算が、約14億ドルしか付かなかったのか？

　ブルームバーグが2月16日に配信した"Democrats' Compromise Strengthens Case for Trump's Wall 'Emergency'"によれば、メキシコ国境での警備予算が全く付かなかったのなら、トランプ大統領が非常事態を宣言して予算の付け替えを行っても、それには法的正当性がなく、もし裁判等になってもトランプ側が敗訴した可能性があるが、メキシコ国境での警備予算が13億7,500万ドルでも付いていれば、それに対して非常事態宣言で予算の付け替えを行うこ

とは適法と、裁判所で判断される可能性が高く、また議会（民主党）はメキシコ国境で非常事態が起きていると暗に認めてしまっているので、それを考えても今後の裁判等は、トランプ側に不利にはならないだろうと述べている。そして同記事の冒頭近くでは、"このようなことを民主党が分かっていなかった筈はなく、彼らは政治的駆け引きのプロである"とも述べている。

つまり二度目の政府閉鎖が起きれば、民主党も責任を追及されるので、それを避けるためにトランプ大統領の側に、"自分が勝った"と主張できる余地を残したということだろう。それはペロシ氏の裏采配によるものだったかも知れない。

結局、民主党と共和党が協力して、国境の壁建設ないし国境警備強化、インフラ整備や薬価引下げ等のトランプ大統領がやりたい政策が部分的にでも実現できれば、トランプ氏の業績になる。出来なければ民主党の責任にできる。実際、2018年12月の政府閉鎖に関しては、ペロシ氏もトランプ氏と殆ど同率の批判を国民から受けた。

こうして考えると、どう動いてもトランプ氏にはメリットなのである。このように民主、共和両党内の対立を利用して、自らへの支持を高め、再選を狙うことをトランプ氏は考えているのではないか？

またワシントン・ポストが2月15日に配信した"'A recipe for disaster'?"では、実際に国境壁が建設される州で土地収用法が発動されたりすれば、その州選出の共和党上院議員の再選が危うくなる。他の州でも選挙に弱い上院議員は、今回のトランプ大統領の決定の影響で、自分の選挙が危うくなることを恐れているという。2020年に共和党は、2018年の選挙とは逆に、22の州で上院議員選挙を闘わなければならない。民主党は12である。このままでは2020年には共和党は、上院の過半数も失ってしまうのではないかと心配する声は多いようだ。

しかし同時にトランプ直系に近いジョルダン下院議員は、テレビ

でトランプ大統領の今回の決定を擁護した。

　やはり壁予算を巡る一連の出来事は、トランプ氏が大統領になる以前から行っている"ワシントンの中の敵と味方を見分ける"作戦の、一部だったのではないか？
(注：米国下院は2月26日、大統領の非常事態宣言を無効にする決議を、共和党の一部も賛成して可決した。3月中に上院でも採決されると思われるが、共和党からの造反者が出て可決される可能性が低くない。そうしたらトランプ氏は、拒否権の発動で対抗すると思われる。これもトランプ氏の"敵と味方を見分ける"作戦の一部であり、また同氏とペロシ氏が、相互に党内求心力を高めるための戦略ではないかと、私見では思う。)

　そして同記事によれば、トランプ大統領再選委員会が独自に行った調査では、この度の一連の出来事のお陰で、むしろトランプ氏の再選の可能性は高まっているという。

　因みに The Hill が2月21日に配信した"Hill-HarrisX poll: 59 percent oppose Trump's emergency declaration"を見ても、民主党支持者の8割前後がトランプ氏の非常事態宣言に反対だが、共和党支持者では70％以上が賛成。確かに無党派では6割近くが反対なものの、"米国とメキシコの国境は非常事態か？"という質問に対しては、民主、共和両党の支持者はトランプ氏の宣言への賛否と殆ど同じ回答なのに対し、無党派では半々である。つまり今後の状況次第では無党派層もトランプ氏の予算の付け替え等を支持する可能性はある。やはりトランプ再選の可能性は、低くないのである。

　再選の可能性の高い大統領に推薦されれば、その候補者の当選する確率は高まる。トランプ氏の推薦を拒否する選挙に弱い候補者には、トランプ氏に近い人材を予備選挙で対抗馬に立てれば良い。

　それをバノン氏は2018年中間選挙で行おうとして、しかし中間選挙では国民生活に密着した中道派の方が当選し易いことから、『炎

と怒り』という本の問題を契機として、地下に潜らされたものと思われる。だが大統領選挙と同時に行われる議会選挙では、当選しそうな大統領と主張的に近い候補が有利になる。2016年も、そうだったと言えるかも知れない。

それを考えると2019年末くらいには、何らかの意味での"バノンの復活"が、見られるのかも知れない。更には共和党を中心とした米国政治の大掛かりな再編と…。

そして、またThe Nationalが11月7日に配信した"What the midterms really mean for the Middle East"にもあるように、大統領が中間選挙で良い結果が出なかった後には、必ず議会に関係なく出来る外交政策で良い結果を出して、次の選挙に勝てる体制を作ろうとする。2010年中間選挙の後の、オバマ氏の"アラブの春"への干渉が、その良い例だろう。

同じNational Interestが1月27日に配信した"The Democrats Are Divided on Foreign Policy: Why Isn't Trump Exploiting That Fact?"では、民主党内の外交政策での分裂を指摘。例えば極左勢力は国内雇用の観点からトランプ氏の保護貿易的政策に賛成で、それにペロシ執行部は反対だが、同執行部は人権問題の観点からの反中国の立場ではトランプ大統領と方針を同じにしている。後に述べるシリア撤退にも、ペロシ執行部は懐疑的だが、極左には好意的である。このような民主党の内部分裂を利用すれば、トランプ再選は可能だと同記事は主張している。つまり外交——特に中東や中国に関係することが、トランプ再選の鍵なのである。

中東や中国で何らかの紛争を起こすことを2020年までにトランプ氏が行わないか？ それに関しては以下の項目を読んで頂ければ、お分かり頂けるものと思う。

（起筆：2019年1月31日）

第 8 章　2020 年大統領選挙に向かって…

2　中間選挙後の大幅人事異動と米国の覇権の再編

トランプ政権は中間選挙後、大幅な人事異動を行った。これを同政権の混乱の象徴——終わりの始まりと見る向きも多い。だが果たして、そうだろうか？　むしろ米国の覇権を再構築しようとしているのではないか？

それを精密に見て見たいと思う。

まず 2018 年 12 月 8 日になって、2017 年 7 月末よりホワイトハウスを支えて来たケリー主席補佐官の退任が発表。Time が 12 月 12 日に配信した "Mick Mulvaney Just Got the Most Difficult Job In Washington" によれば、何人かの茶会党系有力者に断られた後、ニュージャージー元州知事のク

マルバニー氏（2018 年 11 月 17 日に都内で開かれた JCPAC にて著者撮影）

リスティー氏やトランプ氏の娘婿クシュナー氏を経て、12 月 14 日にマルバニー行政管理予算局長（OMB 局長）が、OMB 局長のままの臨時の代行として主席大統領補佐官を引き受けたという。

但しワシントン・ポストが 12 月 14 日に配信した "Budget head Mulvaney picked as Trump's next chief of staff" では、OMB におけるマルバニー氏の代行も決まっており、マルバニー氏は "代行" という肩書きは付くものの、無期限に主席大統領補佐官の役割を果たすという。少なくとも本人の望んでいる商務長官への横滑りができるようになるまで…。

（余談だがワシントン・タイムズが 2018 年 10 月 11 日に配信した "Steve Bannon pushed adding citizenship to census, feds admit" によれば、ロス商務長官は 10 年に一度——次回は 2020 年に行われる国勢調査の担当閣僚であるが、2020 年から "米国籍を持ってい

ますか?"という質問を加えようとしている。これは移民系の人々に回答を躊躇させ、この調査の結果で決まる下院議員の選挙区を白人有利にするものではないかと反対派から疑われているが、この質問を加えるに当たってバノン氏のアドバイスがあったことを、ロス氏が隠していたことが問題になっている。そのため国勢調査が近づくにつれて、解任される可能性がある。

ただ同紙が2019年1月15日に配信した"Federal judge blocks citizenship question on 2020 census"によれば、ニューヨーク南部地区連邦地裁は、そのような質問追加のプロセスが不透明であり、また回答者に回答を躊躇させないかどうかのチェックも不十分だとして、この質問追加を否定した。しかしトランプ政権は最高裁まで行って争う方針であり、また同判決は情報開示や質問の影響の確認が行われれば、同質問追加は問題ないとも理解できる。そして同判決では、この質問には人種差別的意図は見受けられず、また確かに1950年代までは同様の質問が国勢調査に入っていて、今でも個別の地域での人口調査等には入っていることも確認している。ロス氏の去就は2019年1月の段階では不明である。)

クリス・クリスティー
第55代 ニュージャージー州知事
©Author Michael Vadon
https://commons.wikimedia.org/wiki/File:Chris_Christie_April_2015_(cropped).jpg

何れにしても新しい主席大統領補佐官が決まるのに時間がかかったのは、Roll Callが12月12日に配信した"Cohen Sentencing Casts Cloud Over Trump's Chief of Staff Search"にあるように、ロシア疑惑の関係で今後に困難な状況も予想されたからである。そこで初期に声を掛けられた茶会党系の人々は全て断っている。

私見だがクリスティー氏とクシュ

第8章　2020年大統領選挙に向かって…

ナー氏は、これ以上トランプ氏が声を掛けた人に断られないための、カムフラージュだったのではないか？　クリスティ氏はクシュナー氏の実父を脱税で逮捕したことがあるため、彼と仲が悪く協力してホワイトハウスを運営できるとは思えないし、クシュナー氏自身もロシア疑惑やサウジ皇太子との交友の関係で表に出られる状況ではない。

　こうしてマルバニー氏が主席大統領補佐官臨時代行になったのだが、APが12月16日に配信した"Loyalty among attributes Mulvaney brings to White House job"によれば、マルバニー氏は2017年夏から主席大統領補佐官の地位に実は意欲があったという。それはゴルフを通じてトランプ氏と親しい人間関係を結べたからだという。またFOXが12月15日に配信した"Trump's pick of Mulvaney as acting chief of staff is a wise choice"では、マルバニー氏は今までの主席大統領補佐官の失敗に学び、またイヴァンカ夫妻と良い関係もできそうなので、この人事は成功ではないかという。

　だが何れにしてもトランプ氏が、マルバニー氏が本命だったとしても、茶会党系から次の主席大統領補佐官を選びたがっていたことは間違いない。というのはAP前掲記事によれば、マルバニー氏は軍事予算の大幅増額と大幅減税を同時に行った2019年度の予算に関して、もし議員だったら賛成しなかったと述べている。彼を含む茶会党系の人々は、厳しい財政均衡論者なのである。

　但し"フェアな貿易"面での強攻論者であることも間違いない。産経新聞が2018年11月15日に配信した"対中姿勢変えない"という記事の中でマルバニー氏は「中国への強攻姿勢は変わらないだろう。中国が変わらなければ米中貿易戦争は2020年の次期大統領選まで続くだろう」とも述べている。

　だが、それは情報通信問題を含む貿易摩擦に関してである。Washington Examinerが12月3日に配信した"Cutting defense spending is a decision 'not to defend the nation'" では、2020年度の軍事予算を数パーセント減じて7,000億ドルにする案に対し、マルバニー氏を説得すべく、チェイニー元副大統領の孫娘で共和党の下院議員リン・チェイニー氏が動いていると書かれている。

この件に関してはWSJが2018年11月26日に配信した"Military-Spending Slowdown Would Fuel Strategy Debate"の中に詳しいが、トランプ氏としては彼の政権の前半2年で余りに多くの財政赤字が累積したため、2020年の軍事予算を、7,330億ドルの予定から7,000億ドル程度に削減する意向があり、マティス国防長官等の抵抗にあっていたという。

これらの問題が2018年12月19日に突如としてトランプ氏がシリアからの米軍2,000人の撤退を発表したことと関係あるのではないか？　ワシントン・ポストは12月19日に配信した"U.S. troops to be pulled out of Syria quickly, White House says"の中で、これはシリアをロシアとイランに引き渡すことだと批判している。

また同紙は12月22日に配信した"Trump is making the same mistakes in Syria that Obama did in the Middle East"の中でも、2011年にイラクから徹底したためにISを台頭させたオバマ氏と同じ失敗であるとも批判している。

しかしForeign Policyが12月21日に配信した"Good Riddance to America's Syria Policy"によれば、未だ中東近辺には40万人もの米軍がいる、米国は一度もシリアを支配したことがない、そのため歴代の政権もアサド家と交渉して来た、シリアは混乱を深めるだけで決して最重要の戦略拠点ではない、にも関わらずボルトン氏のような所謂ネオコンが中東地域に米国型政治を実現しようとしたことが混乱の原因である等と書いている。またNational Interestが12月21日に配信した"The U.S. Is Leaving Syria: Here's How to Do It Right"によれば、トランプ政権が見捨てたように見えるク

第8章　2020年大統領選挙に向かって…

ルド族（過去数年間ISと戦ってくれた、トルコ国内ではテロ集団扱いされている少数民族）も、米国の援助で作られたSDFというグループは、今後もシリアで西欧型国造りに尽力し、米軍撤退後も航空支援は可能だと言う。

CNNが12月24日に配信した"Trump told Turkey's Erdogan in Dec. 14 call about Syria, 'it's all yours. We are done'"によれば、この撤退は米国とトルコ間で、IS掃討作戦をトルコが引き継ぐと約束したことで成立したという。どうもCIAの一部とトルコ情報部そしてロシア等の罠だった可能性が高いカショギ事件で、サウジが暫くは中東での米国の代理人として動かし難くなったので、クルドの一部を斬ってトルコの支援を得る政策に、米国は出ざるを得なかったようだ。

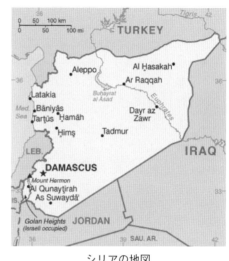

シリアの地図
©CIA

しかしWSJが2019年1月11日に配信した"Pentagon Pushes Forward on Syria Pullout"によれば、ボルトン大統領補佐官がクルド族全体をトルコは保護すべきだと発言し、それにトルコのエルドアン大統領が反発。そのためシリア撤退計画は慎重に進められている。そこでWSJが1月14日に配信した"Trump Warns Turkey Not to Attack Kurds in Syria"によれば、トランプ氏はトルコ＝シリア国境地帯に、20マイルのクルドのための安全地帯を設けなければ、トルコに対して経済制裁等を行うと発言した。

なおCNNが1月16日に配信した"Pence declares 'ISIS has

157

been defeated' on the same day as deadly Syria attack"によれば、シリアでISによるものと思われるテロ攻撃で4人の米軍関係者が死亡した。この後、1月末現在に至るまで同様の事態が繰り返し起こっており、シリア情勢は混迷を深めてはいるが、トランプ政権はCNN前掲記事の中でペンス副大統領が語っているように、シリア撤退の方針を変えるつもりはないようだ。

(但しRoll Callが2月22日に配信した"Some troops will stay in Syria, White House official confirms"によれば、グラム議員が21日に発言した"ISを復活させず、イランの力の増大を防ぐため、米国は正規軍の一部をシリアに残す"という説を、22日にホワイトハウス関係者が確認している。クルドの保護も理由の一つだという。既に米国とトルコの間での協力協議が始まっている。トルコ=シリアの国境地帯に安全圏を作る為だそうだが、それを英仏に依頼して、米国も参加しなければ出来ないと言われたことも大きな理由である。だが残される正規軍は200名程度である。つまり私見だが、これは政治的な演出の部分も大きいと思う)

そしてWSJが2018年12月20日に配信した"Trump Orders Big Troop Reduction in Afghanistan"によれば、トランプ氏はアフガンからも1万4,000人の米兵の内7,000人を撤退させる方針だという。同紙が1月24日に配信した"Taliban Assures U.S. It Opposes Use of Afghanistan as Platform for Terrorists"によれば、アルカイダを匿ったタリバン勢力と米国の間で、アフガンをテロ集団の基地に使わせない代わりに米国は(基地の一部等を残すかどうかという困難な交渉が今後に残っているものの)、アフガンにいる米軍の半分ないし全てを撤退させる方向で交渉をまとめつつある。

これは考えてみれば、トランプ氏の選挙中からの公約であった。トランプ氏は国境警備を含む不法移民対策や真に効率的な医療保険の充実、インフラ整備等の国内問題に予算を多く使いたいのであ

第8章 2020年大統領選挙に向かって…

り、オバマ時代の無責任な軍縮を最初の2年間の軍拡で取り戻せたなら、軍縮的方向に転身するのは当然だった。

そして上記のように単なる軍縮ではなく、シリア（アサド政権）＝トルコ＝クルド＝ISあるいはアフガン政府＝タリバン＝テロ勢力の間で"力の均衡"を発生させることで、米国の利益を最小限の費用で守れるように、十分な配慮をしていないわけではない。

だが、それでも正規軍の撤退等が気に入らない人々も当然いる。CNNが12月21日に配信した"Mattis quits, says his views aren't 'aligned' with Trump's"によれば、マティス国防長官が事実上シリアからの撤退に抗議して辞意を表明した。だが政権初期の混乱期に、マティス、ケリー、マクマスターといった軍部——といってもワシントン既成勢力の一員——の力を借りることで、トランプ氏は共和党主流派の信頼を繋ぎ止めて来た。中間選挙で共和党を掌握できたと思ったので、マティス達に引き取って頂き、トランプ政治の本来の姿を実現する時期が来ただけなのではないか？

だが、それに関して多くの共和党有力議員がトランプ大統領に抗議の声を上げた。特にCNNが12月31日に配信した"Trump still wants to leave Syria, but will reevaluate plan to attack ISIS"によれば、共和党のグラム上院議員は12月30日のトランプ氏との会食で、シリアからの撤退は出来るだけ慎重に行うべきだと提言している。The Hillが12月27日に配信した"Trump's military moves accelerate GOP search for next McCain"では、グラム上院議員かロムニー上院議員を、亡くなったマケイン氏に代わり、トランプ氏に強く意見の言える存在にしようという動きがある。

リンゼー・グラム
上院議員
©U.S. Federal Government

159

だが、グラム氏のような意見は、やはり既存の考え方に汚染されて、新しい状況を切り拓くことを、出来なくする考え方ではないか？

　CNNが12月26日に配信した"Trump's acting secretary of defense will step into role with no foreign policy, military experience"によると、マティス国防長官の後任に、シャ

パトリック・シャナハン
国防長官代行
©U.S. Federal Government

ナハン副長官が、取り敢えず臨時の代行の形で就任した。そのため2019年2月まで国防省にいる予定だったマティス氏は、解任されたも同然になった。このシャナハン氏は今まで政府や軍にいたことがないので、その経歴が問題になっている。

　しかしCNNが12月26日に配信した前掲記事によれば、シャナハン氏はボーイング社でコンピュータ・システムの責任者の一人だったのであって、国防副長官になってからは、宇宙軍創設と軍事予算を全て任されている。WSJが11月26日に配信した前掲記事によれば、2019年から下院軍事委員長になる予定のスミス下院議員は、核戦力を含む巨大な軍事予算を組むことよりも（吉川補足：米国が中露に遅れてしまった）サイバー等の方面に予算を集中させるべきではないかと考えている。あるいはワシントンにある多くのシンクタンクも、全世界に駐留する米軍の常時駐留や定期交代等が必要か？──見直す必要があると提言している。

　これらは多額の軍事費を使わなくとも"偉大な米国"を再建するというトランプ氏の考えに、むしろ沿うものではないか！　ボルトン大統領補佐官も同記事で"国防予算は増えないかもしれないが、支出の効果は大きくなるだろう"と述べたという。

　なおFOXが12月22日に配信した"Trump is right to withdraw

第 8 章　2020 年大統領選挙に向かって…

from Syria - He should replace US troops with private contractors" では、シリアに正規軍の代わりにブラックウォーター USA を派遣することを提唱している。その方が安価かつ効果的にテロ勢力の根絶が出来るという。そして節約された予算でサイバー等の技術を発達させれば、その方が正規軍を使っ

物資の空中投下を行うブラックウォーター USA の輸送機
ⓒU.S. Army

てシリア等でロシア軍等と対峙しているより効率的ではないか？トランプ氏が大統領になる以前から、アフガン等への民間軍事会社等の派遣を考えて来たことには、繰り返し触れたと思う。こうして、

1．正規軍が打撃を与えた後の治安維持等には民間軍事会社を使う。
2．正規軍の世界展開を効率的に行う。
3．今後はサイバー戦等に重点を置く。

　どれも予算や人命のロスを少なくして、米国の軍事的プレゼンスを低下させない、極めて現代的な方法である。

　そのような新しい政治を行うことこそが、トランプ氏の歴史的使命であった。だが前述のグラム上院議員のように、未だ理解できない人も多い。中間選挙でトランプ共和党が、実質的に勝利したにもかかわらずである。

　但し 2018 年 11 月 5 日のイラン制裁が思ったほど厳しいものでなかったことや、この度のシリアからの撤退を考えると、米国の世界覇権の要だった"ドルでなければ石油が買えない"システムの放棄を考える可能性はある。だがオバマ時代から米国は、シェール石油が出るようになったので、もう中東石油には拘らないだろう。その

米国との軍事同盟に拘り中東石油に依存している日本は大丈夫か？
——というのは反米左翼が使って来たレトリックであった。

　イスラエルを神聖視する宗教国家米国が、イスラエルを見放す筈がない。何れにしても今後も40万人もの米軍が、中東付近に存在するのである。それが民間軍事会社に代わることがあったとしても…。そして、そうなれば尚更、日本は憲法を改正して、"日本軍"を中東に送るか、それが難しれば、それこそ日本版民間軍事会社を作って、中東に派遣すれば良い。石油を獲るために…。

　実際、ワシントン・ポストが12月26日に配信した"Trump visits U.S. troops in Iraq for first trip to a conflict zone"によれば、イラク駐留米軍を慰問に訪問したトランプ氏は、持論の"必要以上の米軍の世界展開は不可解だ"との発言を行っている。

　しかしトランプ政権の国際石油財閥等との関係の悪さ等を考えると、米国が"ドルでなければ石油が買えない"システムを放棄する可能性は、ゼロではないのかもしれない。だがトランプ氏と言えども、米国の世界覇権を諦めるだろうか？

　それがファーウェイ問題の原因かもしれない。

（吉川補足：このファーウェイ社のシンボル・マークは、リンゴのシンボル・マーク——つまりアップルに象徴される米国の情報覇権を切り刻み、中国が取って代わるという意味であるという説がある）

　National Interestが12月12日に配信した"Huawei Is the Doorway to China's Police State"では、ファーウェイの5Gネットワークを駆使すれば、検索やネット通販等を通じて、多くの人々の個人情報を集め、またシステム上に超高度のAIを発達させることも可能だという。にも関わらず

ファーウェイのシンボルマーク
©Huawei Technologies Co. Ltd.

National Interest が 12 月 27 日に配信した "Huawei and Europe's 5G Conundrum" によれば、ヨーロッパ 8 か国がファーウェイの無線プロバイダーを受け入れ、12 か国が地元のプロバイダーと試験中だという。

そこでロイターが 12 月 27 日に配信した "White House mulls new year executive order to bar Huawei, ZTE purchases" によれば、2019 年中にはトランプ大統領は、米国内でのファーウェイ製品の使用を一切禁止する大統領令を出す意向があるという。また WSJ が 1 月 16 日に配信した "Huawei Targeted in U.S. Criminal Probe for Alleged Theft of Trade Secrets" によれば、司法省はファーウェイを、米国の T-Mobile 社に対する産業スパイ容疑で捜査中であり、またポーランドでも類似した問題が起きているという。

この T-Mobile 問題は民事訴訟でファーウェイに不利な結果が出ていないためか、ロイターが 1 月 17 日に配信した "U.S. legislation steps up pressure on Huawei and ZTE, China calls it 'hysteria'" によれば、米国議会では司法省捜査が報道される前日の 1 月 15 日、超党派で米国の制裁または輸出規制法を犯す中国企業への、米国製機材等の販売を禁止する法案が提出された。これは明らかにファーウェイをターゲットにしたものだろう。

そして WSJ が 1 月 29 日に配信した "U.S. Authorities Unveil Sweeping Set of Charges Against China's Huawei" によれば、ついに司法省は 1 月 28 日、ファーウェイを技術窃盗の罪で起訴した。それは貿易問題に関する米中協議がワシントンで開かれる数日前であり、米国が孟晩舟氏の問題に関するファーウェイ社との話し合いを拒否した直後だった。また別の当局者は、ファーウェイ製品の中に仕組まれた機器によって、米国の国家機密が盗まれる可能性に関して、再び言及したという。また同日に少し遅れて配信されたワシントン・ポストの "Justice Dept. charges Huawei with fraud, ratcheting up U.S.-China tensions"では、同時に司法省は、孟晩舟氏もイラン制裁違反に関わる銀行取引不正等の容疑で起訴し、カナダに身柄引渡しを要求。この問題にはトルドー首相も積極的で、前週に"米国の孟晩舟氏への起訴取り下げが望ましい"と発言した駐中国カナダ大使を解任している。この米国のファーウェイ反対運動は、世界に広がっているとWSJ前掲記事も述べている。

　実際、WSJが1月25日に配信した"Major Mobile Carrier Halts Huawei Purchases Amid Security Concerns"によれば、オーストラリアとニュージーランド、英国、カナダ（注：以上 Five Eyes）、ドイツと日本も、米国に倣いファーウェイ製品を使用しない方向になっており、特に英国のボーダフォンは、5億人以上の顧客を持つ世界第2の携帯電話会社なので、その影響は大きい。

　これらの流れは、ファーウェイに代わって米国の5Gシステムが世界の情報の流れを抑え、個人情報も情報のやり取りも、全て米国の監視下に置き、もし可能なら大幅な情報操作が可能にすることの布石ではないか？　このシステムと優れたサイバー戦技術が組合されば、世界に対する今まで以上の覇権である。

　このシステムが何らかの物理的な危険に晒されたら、正規軍が遠方から急行し、その後の治安維持は民間軍事会社が行う。そのために必要な正規軍の世界での展開に関しても、そして5G通信とサイバー戦の組み合わせも、国防省のコンピュータの精密な計算に基づいて行う。予算も大量の正規軍を駆使する今までのパターンよりは掛からない。

　このような新しい米国の覇権を実現するために、マルバニー氏やシャナハン氏が選ばれたのだろう。彼ら以外の人が同じ地位に就くことがあっても、この方向は変わらないのではないか？

（吉川補足：それを考えても3月に予定される米中首脳会談で、少なくとも5G通信に関係する合意が形成される可能性は、中国政府

の通信企業への補助金問題を中心に、高くないと思う。）

それならば今後の日本は、５G情報通信、サイバー戦そして正規ないし民間の迅速に世界の裏側にまで派遣できる軍隊を以って、米国の覇権のパートナーになって行く以外に、生き残りの道はないと思う。石油だけではなく情報通信の問題もある。そして米国を離れて中国に着くことは、チベット化という破滅にしか繋がらない。

何にしても今後の米国は、石油利権で日本と深い関係のある中東や、まして直接の驚異のある南シナ海等で、どのように出るだろうか？　前記のような"新しい覇権"確立のためにも、それ以前にイランや中国を無害化しようとするのではないか？　それに関しては以下を読んで頂ければ幸いと思う。

(起筆：2019 年 1 月 31 日)

3　2020 年、"世界の終末"は起こるか？
——(1) 中東戦争は起こるか？

私は中間選挙までに、トランプ政権はイランを追い詰め、中東戦争を起こすことで、中間選挙を乗り切ろうとすると考えていた。だが中間選挙投票日の前日に発表されたイラン制裁は、一部の国にイラン石油の禁輸を 180 日間猶予し、また国際決済システム SWIFT からイランの全銀行を追放にはしないものになった。そのためか中東戦争は起きな

ペルシャ湾周辺の地図
©Hégésippe Cormier aka Hégésippe

かった。

　その理由はサウジがジャーナリスト行方不明事件のために信用を失い、暫くは対イラン戦争に協力してもらうことが難しくなったことは小さくないだろう。

　では中東戦争は今後、起こらないのか？　私は、そうは思わない。

　例えばワシントン・ポストが11月3日に配信した"Citing Iran, military officials are alarmed by shrinking U.S. footprint in Middle East"によれば、米国海軍は2018年に入ってから、ペルシャ湾での展開兵力を減らして来たと言う。これからイラン制裁を厳しくしようと考えられていた時に——である。

　ペルシャ湾の守りを薄くすることで、イランに攻撃させ易くする。そういう思惑がトランプ政権にあったのではないか？　そうだからこそイランも、イラン制裁が再開された頃から、ペルシャ湾封鎖の準備や、弾道ミサイルの発射を、積極的に行って来たのではないか？

　つまり米国、イラン、サウジ、トルコ、ロシア、英国、フランス等にとって、最も良いタイミングで中東大戦を起こすための"駆け引き"が、行われ続けているのではないか？

　そう考えると次のタイミングとしては、サウジが米国や世界の世論で信頼を回復した時が考えられるだろう。米国は自分は介入を最低限にして、イラン＝サウジ間の戦争を起こさせる方向で考えているものと思われるからである。

　イランは北朝鮮、サウジはパキスタンから、核を借りる約束も出来ている。最悪の場合、局地的でも核戦争に発展するかも知れない。偶発的に世界大戦に発展する可能性もある。

　そう考えると、そのような事態への対処に必要な重要な予算が否決されたり、あるいは大統領弾劾が発議された時等も、中東大戦のタイミングとしては考えられるだろう。

　更に2018年11月5日から180日後に制裁が見直される時に、ト

第8章　2020年大統領選挙に向かって…

ルコ等への猶予が本当に終わるのか？　あるいは金融制裁が全面的なものになるのか？――が次のタイミングだろう。

　Washington Examiner が10月29日に配信した"Iran sanctions threaten US dollar dominance"によれば、英仏独はSWIFTを介さない決済システムを構築することで、イランとの石油取引を、米国の制裁後も継続することを検討しているらしい。このことはイラク戦争の真の原因が、大量破壊武器ではなく、イラクが石油をドルではなくユーロでも売却しようとしていたためだという情報を思い起こさせる。そのようなシステムが本格的に作動し始めようとする時が、次の中東大戦が起きるタイミングだろう。

　そのようなことが無かったとしても、何らかの理由で米国経済が悪化し、トランプ大統領の支持率が急落したが、大統領選再選を乗り切るために、トランプ大統領が中東大戦を仕掛ける可能性も低くは無い。2018年11月初旬に中東大戦が起こらなかった原因として、そのような事を仕掛けなくとも、共和党が中間選挙に勝てそうな趨勢になって来たことが、小さく無いと思われる。そうであれば2020年の大統領再選が危うくなれば、トランプ氏が中東大戦を仕掛ける可能性も、小さく無いと思われる。

　まして前にも書いたように、イスラエルに住むユダヤ人人口が、世界に散らばるユダヤ人人口全体より多くなるのは、時間の問題で、それも米国とイスラエルのユダヤ人人口だけならば、早ければ2020年にイスラエルの方が多くなると

イスラエルの地図
©tenger

167

も言われている。それまでにイスラエルを打倒しようとして、イランからイスラエルに攻撃を仕掛ける可能性もある。

そしてイラン対サウジであれイスラエルであれ、緩衝地帯のシリアから米軍が2018年末から撤退を始めたことで、戦争は起き易い環境になっている！

2020年は中東大戦が起きる可能性の低くない年ではないか？ 石油輸入国日本は、それに備えて石油の備蓄等を行い、またペルシャ湾に向かう米海軍の空母等と自衛隊の艦船が、行動を共にできる法整備や訓練を怠ってはならない。

何れにしても前に書いたようにイランが北朝鮮から借りる等の方法で核武装し、米国やイスラエルを攻撃すれば、"世界の終末"になる可能性もある。それに対する心の準備こそ重要かもしれない。

(起筆：2018年11月19日)

4　2020年、"世界の終末"は起こるか？
──(2) 南シナ海戦争は起こるか？

そうした日本も巻き込まれる危機が2020年頃に起こるとしたら、それは中東ではないかも知れない。南シナ海かも知れない。

National Interest が2018年10月1日に配信した "Here's America's New Plan to Stop China's Island-Building" によれば、米国は8月に成立した新国防権限法（NDAA）の1262節の中で、中国の南シナ海情勢に対して重大な懸念を表明している。同記事によれば中国は2014年に人工島を建設すると、直ぐにレーダー、滑走路、ミサイル収納庫を建設。2018年5月に南沙諸島に対艦ミサイルと対空ミサイルを配備。同時に長距離爆撃機の離発着を行った。そこで米国はリムパックに中国を招待することを停止。これをNDAAでは "First Response" と記述している。そして米海軍はNDAA1262節に基づいて世論喚起のために、メディア関係者の潜

第8章　2020年大統領選挙に向かって…

水艦同乗を許したり、異常接近等の状況の様子を、YouTubeで流したりしている。

またワシントン・タイムズが11月14日に配信した"Trump demands China remove missiles in the South China Sea"によれば、11月8日に行われた米中戦略対話で、マティス国防長官とポンペオ国務長官は、中国に対し南シナ海に配備した対空、対艦ミサイルを全て撤去するように要求したという。

米国も南シナ海情勢に関しては、次第に本気になって来ている。

私は繰り返し中国が南シナ海に拘っているのは、東シナ海等に比べれば相対的に水深の深い南シナ海を内海化し、そこに潜ませた潜水艦からの水中発射の核ミサイルで、米国本土を脅かすことで、米国との核戦争になった場合、有効な第二撃を確保することによって、米国に対し対等に近い立場を確立し、世界の支配権を奪取することこそが、真の目的であると述べて来た。それを米国が許すだろうか？

もちろん南シナ海を抑えれば西太平洋のシーレーンを抑えることもできる。これも"海を支配しているからこそ世界の支配者である"という意識が非常に強い米国が許すことではない。

中国の潜水艦発射核ミサイルが技術的に可能になるのは、2020年と2024年の間くらい。つまりトランプ政権が2期続くとしたら、2期目くらいになることは確かなようだ。

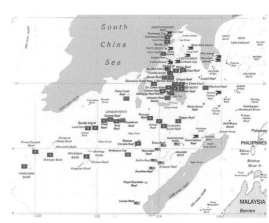

南シナ海における中国の海洋進出
©U.S. Federal Government

だが、それから中国の南シナ海進出に対応するのでは、米国は間に合うだろうか？　それ以前に何とかしようとするのではないか？

　それが米国のINF全廃条約離脱の原因ではないか？　そもそもINF全廃条約は、冷戦後期に当時のソ連がSS20という中距離核ミサイルを配備して、西ヨーロッパが危険に晒されたため、米国も西ヨーロッパにパーシング2という中距離核ミサイルを配備した。それはソ連本土に米国から発射されるICBMの数倍の速さで到達する。つまりソ連の報復攻撃の余地が激減する。そうして高まった緊張を背景に、ソ連も折れて来て、当時の米ソが、お互に中距離核ミサイルの全廃を誓ったのが、INF全廃条約だった。

　それが米ソ冷戦終結の、端緒になったことは否定できない。しかし時代は変わった。

　National Interestが10月22日に配信した"Why America Leaving the INF Treaty is China's New Nightmare"によれば、2008年にプーチン大統領は、この条約に中国が入っていないため、中国が中距離核を配備し始めたとして、この条約に違反する中距離核ミサイルを配備し始めた。

　そのことは遅くとも2014年に、米国オバマ政権も確認している。にも関わらずオバマ政権は、例により世界のインテリ向けのポーズで、2013年に潜水艦発射核ミサイルを、INF全廃条約と無関係にも関わらず、大幅削減してしまった。

　確かに潜水艦発射核ミサイルは、射程距離の関係で地上発射INFに近い。そのため潜水艦発射核ミサイルを大量に持っていた米国は、既にINF全廃条約に縛られていなかったという意見もある。

　しかし潜水艦発射核ミサイルは、命中精度等の問題で、地上発射のINFより劣る。その理由と、さらに敵の先制攻撃に対し、地上発射核ミサイルより安全なことから、潜水艦発射核ミサイルは、地上発射核ミサイルによる攻撃で相互に甚大な被害を被った後に、第

二次攻撃を行うことが目的である。

 そのため潜水艦発射核ミサイルは、先制攻撃の脅威で相手に戦争を起こさせない効果は、十分とは言えない。あくまで第二撃を確保することで、自衛的に（？）核の対等性を確立するのみである。また攻撃を行えば、位置を特定され敵国の海空軍に撃沈される。そのような"脆弱性"も、潜水艦発射核ミサイルにはある。

 これは米中共に同じである。

 先制攻撃の脅威で相手に戦争を起こさせない効果が高いのは、安定した地上発射核ミサイルなのである。

 そこで米国は、INF全廃条約から離脱したのではないか？

 南シナ海での中国の人工島等を米国が攻撃したら、中国のICBMで米国の大都市等が攻撃される。中国の保有するICBMは公称で100発程であるが、1,000発以上保有しているという情報もある。

 何れにしても米国の大都市が幾つか中国のICBMで破壊されて、数千万人の死者が出ただけで、米国は経済的に破綻する。それに対して中国は、米国の報復攻撃で1億人が死亡しても、過剰人口の整理になり望ましいという考え方もある。

 また、いま米中経済は、サプライ・チェーンで密接に関係している。大規模な戦争を行えば、相互に被害が大きい。特にハイテク関係製品の組み立て等を中国大陸で行っている米国にとっては…。

 そこで軍事専門家の間では、"米中戦争は起こらない"というのが多数意見ではある。しかし今まで述べてきたように、南シナ海での緊張は明らかに高まってもいる。

 例えばサプライ・チェーンの問題にしても、トランプ政権の関税政策のために、米国企業も中国からの撤退を検討し始めている。例えばFinancial Timesが12月3日に配信した"Trump's trade war:which of China's neighbours are set to profit?"では、南部中国アメリカ商工会が調査したところ、米国の中国からの輸入関税が

高過ぎるため、219社の内70％が、生産拠点を中国外に移転させることを検討している。米国の関税政策も中国との戦争が可能な状況を作ろうとしているとも見られる。

逆に南シナ海を射程に入れる中国南部にも、中国は中距離ミサイルを、やはり500発以上、保有している。それも南シナ海周辺での局地戦の形ででも、米国に勝てる体制を作っていると考えられる。

そこで米国がINFを保有する意味が出て来る。南シナ海を射程に入れる中距離ミサイルが配備された中国南部を狙うことが出来る場所に米国のINFが配備されれば、もし南シナ海の人工島等を米国が攻撃したりしたとしても、中国は報復核攻撃が難しい。そこにある中距離ミサイルが破壊されるだけではない。そのような位置にある米国のINFは、中国の重要地帯にも届くのである！　その到達時間は短く、中国が米国をICBMで脅かしたとしても、このINFの方が早く到達するため、米国を中国は核で脅かすことは難しくなる。前述のように潜水艦発射の核ミサイルは、報復攻撃には使えるものの、安定性等の点で十分ではない。また前述のように攻撃を行えば、位置を特定されて撃沈される。

INFが中国を射程内に入れて展開されれば、米国に対する中国の優位は成り立たなくなる。そこでボルトンNSC担当大統領補佐官はロシア側に、中国の中距離核戦力はロシアにも脅威となっていると、ロシアが米国と共に、中国の中距離核戦力の脅威封じ込めのため、軍備管理交渉に中国を加えるようロシア側に呼びかけている。それが上手く行かなければ、中国南部を射程に入れる地域への米国のINF配備という結果になる。

具体的には台湾やインドの東岸沖の島等が有力な候補地だろう。

またNational Interestが10月22日に配信した前掲記事では、まず巡航ミサイルその後に弾道ミサイルを配備する方式で、北日本、グアム、南フィリピン、北オーストラリアも重要な候補地だと

第8章 2020年大統領選挙に向かって…

いう。これにより、いわゆる"第一列島線"の内側の海を、中国に自由にさせないことが出来ると同記事は主張している。(注：2019年２月、米国が日本を含む、これらの地域に、まず核を搭載しない中距離弾道ミサイルの配備を始めるという情報が、流れ始めた)

中国の第一列島線と第二列島線
©U.S. Federal Government

このようなシステムが一部でも配備されたとしたら、それは南シナ海戦争——少なくとも人工島の破壊と、それに対抗する中国による米艦船への攻撃等が、近い可能性が低くない。中国も重要地帯への先制核攻撃の恐怖から、地上発射の核ミサイルは使えない。

あるいは人工島解体と中距離ミサイルの撤廃ないし配備中止を巡って、米国と中国が交渉に入るかも知れない。1980年代の米ソが、核兵器等の軍縮に入って行ったように…。あるいはキューバ危機の時のように…。偶発的に大規模な核戦争に発展しないと、今度は断言できないかもしれないが…。

特に中国が潜水艦発射核ミサイルを完成させる2020年代以前に、何らかの意味での西太平洋地域へのINF配備が実現したら、それが要注意のタイミングだろう。

National Interestが10月14日に配信した"How to Goad China into a War in the South China Sea"によれば、2020年に米国は、今までにない大規模なリムパックを、南シナ海で行う予定である。それに米国は中国を参加させない方針である。そこで中国を敵に回

すのが怖い東南アジア諸国の中には、そのリムパックに参加しない国も出て来ると思う。しかし"中国封じ込め"のために参加する国もあるに違いない。

このタイミングで前述のような場所に米国のINFないし中距離弾道ミサイルが配備されるとしたら…。そして2020年の大統領選挙で、トランプ氏が劣勢に立たされたとしたら…。そして、その時に中東大戦が起きる状況でなかったとしたら…。

その時が南シナ海戦争が、最も起こり易いタイミングだろう。われわれ日本人も、準備をして置かなければいけない。

例えば水中発射ミサイルを発射可能な潜水艦を保有しておくとか…。実は日本は、それを実現できる技術力はあるのである。

更にNewsweekが11月15日に配信した"U.S. 'COULD LOSE' ITS NEXT WAR: REPORT SHOWS MILITARY WOULD 'STRUGGLE TO WIN' AGAINST RUSSIA AND CHINA"によれば、米国の軍事力は相対的に落ちて来ていて、少なくとも中露両国を相手にした"二正面作戦"に勝つ可能性は、極めて低いという。特にハイテク兵器分野での開発競争の遅れが深刻であるという。

その分野でも日本は、米国を助けられる力は、まだまだある。例えば日本の自動車会社の電気自動車のシステムは、敵のハイテク・システムを麻痺させる電磁波の発生装置としても、米国製のものより優れているという説もある。

また前にも書いたように米国は、このような劣勢を挽回するため、宇宙軍を創設しようとしているが、これもロケットや衛星の誘導システムの一部では、日本が米国より良い技術を持っているという。米国宇宙軍創設にも日本は、可能な限り積極的に協力すべきだと思う。そして米国が宇宙軍を創設するタイム・リミットも、やはり2020年であることは要注意である。

更にFOXが2019年1月17日に配信した"Trump announces

new missile defense plan with focus on sensors in space"によれば、トランプ大統領は国防省で新ミサイル防衛構想と言うべきものを発表。宇宙にセンサーを張り巡らして、敵のミサイルが発射される前に探知して迎撃するシステムを確立すると言う。これは同記事の中でも、これから実現のための研究を始める段階であり、費用や効果の点で疑問も多いと述べられている。だが同時に、ロシアや中国が開発した極超音速ミサイルに対抗するには、必要であるとも書かれている。この記事によれば、トランプ氏は、イラン、北朝鮮、ロシア、中国といった具体名は言わなかった。しかし同席したシャナハン国防長官代行は、それらの国々の名前を上げた。彼は宇宙軍構想も、最初から任されていた。

ロイターが1月3日に配信した"For Shanahan, a very public debut in Trump's cabinet"によれば、シャナハンは2019年の年明けに、事実上の国防長官として国防省高官達に対して演説した時、"今後の米国は、アフガンやシリアではなく、中国に焦点を集中するべきだ"と「中国！中国！中国！」と絶叫した。

この新ミサイル防衛構想が2020年までに実用化されるとは思えないが、特に対中国関係のものが部分的にでも2020年までに何らかの目処が付くようであれば、それも要注意の信号だろう。

何れにしてもシャナハンの"就任演説？"を見ても、ロシアと中国との二正面作戦を、米国が避けたがっていることは間違いない。

そうなれば安倍総理のトランプとプーチン双方との信頼関係は、米国と中露の"二正面作戦"を回避し、日米露（そしてインドやオーストラリア等）が協力して中国を封じ込める上で、非常に意義あるものになる可能性がある。

2018年12月初旬のG20で、トランプ大統領は、プーチン大統領との会談をキャンセルした。しかし安倍総理は、両方と会談している。更に中国を刺激しないため米国との首脳会談に慎重だったイ

ンドとの間に立ち日米印首脳会談を実現したのも安倍総理である。

トランプ大統領がプーチン大統領との会談をキャンセルしたのは、表面上はロシアがウクライナの艦船を拿捕した事件である。

だが例えばFOXが11月29日に配信した"Ian Bremmer:I'd Be 'Very Surprised' If Trump and Putin Don't Meet Informally at G20"によれば、実際には国内の"ロシア疑惑"が進展しているためではないかと考えられている。7月に米露会談が延期されたのと同じで明らかに、理性主義者によるトランプ氏の"脱理性主義的外交"に対する妨害である。

何れにしても安倍総理とトランプ、プーチン両氏との関係で、日米露首脳会談を実現させ、ウクライナ問題等にも一定の解決を付けたとしたら、それは日米露による中国包囲網に繋がる。

そもそもロシアがINF全廃条約を破ったのは、中国の脅威に晒されたからだ。Newsweek前掲記事でも最近の中露接近に強い懸念が表明されている。そこに楔を打ち込むことは不可能ではない。

そのNewsweek前掲記事でも、北朝鮮の脅威にも言及されているが、日本人が気にかけている北朝鮮情勢は、以上のようなプロセスの一部として処理されるのではないかと思う。

トランプ氏は2019年3月に入って2020年度軍事予算増額の方向になっている。彼は本気なのだ。

何れにしても、われわれ日本人は、南シナ海戦争に備えて準備をして置かなければいけないのではないか？ 2020年までに…。

そして、それは中東戦争以上に、日本を巻き込む核戦争つまり"世界の終末"になる可能性が高い。INF等の使用により…。やはり、それへの覚悟を決めておくことこそ、最重要なことかもしれない。

(起筆：2018年11月19日)

まとめにかえて
——ケント・ギルバート氏講演抄録

　2018年11月22日、私が代表を務めるグローバル・イッシューズ総合研究所と一般財団法人尾崎行雄記念財団が共催する政治講演会に、ケント・ギルバート氏を講師としてお招きし「中間選挙の結果と、トランプ政権の今後」と題してご講演を頂いた。以下は、その抄録である。

　ケント氏は流石に米国の法律家だけあって、われわれ日本人が気付かない、非常に重要な問題を提示された。それは米国では三権分立が機能していないということだった。

　例えば妊娠中絶の問題に関しても、民主党と共和党の対立のために、議会では決められず、最高裁の判例で決められている。国会議員なら自分の反対する法案等に賛成した議員は落選させることが出来る。だが最高裁判事は、就任したら変えることは出来ない。そこでリベラル派が多数の最高裁になってしまうと、リベラル派に都合の良い判例が、選挙で選ばれた国会議員の決められなかった問題等に関して、勝手に作られてしまう。

　そういう意味で米国では、三権分立が機能していなかった。

　そしてトランプ氏が任命した最高裁判事は、実は"保守派"というより議会の決めた法律に基づいて判決を出すべきだという考え方の人だったという。その様な人を最高裁判事に任命することにより、トランプ大統領は、三権分立を正常に機能させるような状態を、取り戻そうとしているのであるとのこと。

　そこで私が「女性スキャンダル等が多いトランプ氏を宗教保守派が応援している理由は、そこらへんにあるのでしょうか？」とお尋ねしたところ、強く頷かれた。

ケント氏の分析によると、全米に3,000以上あるカウンティ（大都市もカウンティの一部である）の内、2016年の選挙でヒラリー氏がトランプ氏に勝ったのは50程度。その他3,000以上の地方のカウンティの殆どで、トランプ氏が勝っている。私見だが、やはり地方に多い宗教保守派の力が大きかったのではないか？

　またケント氏は、2016年のトランプ氏当選の、別の理由も提示された。それは米国のメディアが、トランプ氏の"暴言"を叩く事によって、トランプ氏を大きく取り上げ、それがトランプ氏に注目を集めて、勝利の大きな原因になったということであった。

　2018年の中間選挙でも最初は、リベラル系メディアの好むような極左の新人候補者等を大きく取り上げていて、その頃は非常に民主党に勢いがあった。だが選挙が近づくに従い、最高裁判事承認を巡る騒動や移民キャラバン問題に関し、また"悪役"としてトランプ大統領を大きく取り上げたことにより、メディアの思惑と逆に、共和党に勢いが付き、下院での負け幅も小さくなれば、上院では共和党が勝利する結果となった。

　それでも下院民主党は極左系の新人候補が少なからず当選したが、その結果として民主党は分裂状態になり、これから2年間は、むしろ民主党が難しくなるのではないか？　例えば極左系がトランプ大統領の弾劾を主張しても、主流派は積極的ではなく、そういうところから党内の混乱が起きるのではないか？

　社会的インフラ整備や医療保険充実政策の一部（例えば薬価引下げ）に関しては、トランプ大統領と民主党主流派の間に共通性があるので、それは両党が協力して実現するだろう。しかし、それ以上の事——例えば海外事業や金融取引等への課税強化と引換に、より大きな減税を行うというような事は難しいのではないか？　まして民主党極左が主張する米国版国民皆保険のようなことは、財源からして不可能とのことであった。

まとめにかえて──ケント・ギルバート氏講演抄録

2018年11月22日、グローバル・イッシューズ総合研究所と一般財団法人尾崎行雄記念財団が共催する政治講演会で講演するケント・ギルバート氏

　但し、ケント氏の仰るには、トランプ大統領は不法移民の規制強化を行い、また難民の受け入れにも慎重になることを主張しているだけで、合法的に能力ある人材を移民として受け入れることは、これからも続けるだろうとのこと。これは私の見解だが、そこで民主党と何らかの協力の余地が出て来るのかも知れない。

　そうして民主、共和両党が協力して良い政策を実現したとしても、2020年に民主党が政権を奪回するのは難しいのではないか？　それは前述の党内混乱と、そして今の段階で2020年の民主党大統領候補として名前の出ている人々が皆、メディアによってスターにされているだけの人々であり、本当に大統領選挙で勝てる候補と思われる人がいないことが問題だとのことであった。

　何れにしてもケント氏が仰るには、米国民とはアン・フェアという事を何よりも嫌う国民である。

　イラン核合意も穴だらけで、イランが核武装すれば、それは世界の他の国々が連鎖的に核武装することに繋がる。北朝鮮の非核化に熱心なのも、同じ理由である。だからこそ北との対話も進め、またイランを抑えるためにサウジとの連携は必要不可欠である。

　繰り返すが、米国民とは、アン・フェアということを何よりも嫌

う国民である。アン・フェアの最たるものが中国である。

日本との間には、どれだけ貿易赤字があっても、それは相互のフェアな競争の結果である。それに対して中国との赤字は、アン・フェアな中国の貿易障壁等の結果である。

そのためにトランプ大統領は、フェアな貿易を中国に実現させるために、関税攻勢を掛けているのである。決して軍事的な米ソ冷戦と同じではないとのこと。

そこで私が「では南シナ海の問題は、どうですか？ INF全廃条約からの離脱は、やはり対中国を意識したものではないのですか？ 例えば台湾にINFを配備すれば、お互いの力のバランスで、和解せざるを得なくなり、中国の南シナ海からの撤退も考えられるのではないか？」と申し上げたところ、「それは予算を握る下院民主党が反対するので、できないのではないか？」とのこと。

そこで私が「では台湾へのINF配備の予算を日本が出せば良いのではないか？」と申し上げた。するとケント先生は、「では沖縄の基地移設関係の予算等を使えば良いのではないか？」と仰られた。

最後に前述したように、米国も今の対日赤字は、お互いの競争力の問題と考えている。にも関わらず日本にも関税攻勢を掛けて来ている理由は何か？

それは早く憲法を改正して対等の同盟国になって欲しいというシグナルではないか？——というのがケント氏のご意見だった。

何度でも繰り返すが米国民とは、アン・フェアという事を何よりも嫌う国民である。アン・フェアが解消されるまでは、関税戦争のために経済が悪化しても、最後まで戦うだろう。中国に対しても。そして日本に対しても。

本当に今こそ日本は、覚悟を決めなければいけない時だと思う。

　　　　＜以上の文章の内容に関する一切の責任は吉川にある＞

まとめにかえて——ケント・ギルバート氏講演抄録

(吉川補足：INF の台湾配備に関しては、今までの軍事専門家の考えでは、台湾に米軍基地を置く事は、中国に台湾を攻撃させる契機になって危険ではある。だがトランプ政権が出来てから台湾との関係強化や INF 全廃条約からの離脱等を行っている。それらに影響を与えたと言われるボルトン大統領補佐官も、正式な地位に就く前の私人としてではあるが、台湾への基地移転に言及している。

キューバ危機のような"世界の終末"的な米中激突の契機になるのではないかと心配する人々も多いだろう。しかしキューバ危機の時も、米国がトルコに配備した核ミサイルを撤去する事と交換条件に、キューバに当時のソ連が配備しようとしていた核ミサイルを、撤去させた事実がある。台湾等に日米の力で INF を配備させようとすることは、キューバ危機と同様に、米国が中国に対して、南シナ海の人工島や南沙諸島のミサイル等を、撤去させる契機にもなる。実際にトランプ政権は、2018 年 11 月上旬の米中安保対話で、南シナ海に中国が配備したミサイル等の撤去を、要請しているのである。

また米軍基地の海外移転に日本の予算を使うのも、従来の外交感覚では不自然かも知れない。しかし沖縄の海兵隊の一部グアムへの移転経費の約 6 割を、日本が負担するという例もある。

何れにしても従来の外交を壊して新しい国際秩序を作ろうとするトランプ政権が出来た今それくらいのことを日本人は考えないといけない時期に来ていると思う。)

おわりに

　私は日本と米国――特に米国の政治に強い関心を持ち続けてきたが、青年時代に大病をし、その後も後遺症に悩まされるようになった。そのため英語力も決して十分ではない。

　そこで、ある時期までは、既存の政治専門家が日本語で公表した先行研究――特に耳で聞いた研究発表等を、自分なりに再構成する形で、他の人とは全く異なる独自の視点に基づく政治論を執筆し、それは『楯の論理』（平成14年・展転社）として公刊されている。

　2013年末、ロバート・エルドリッヂ氏らが事務局となって大阪大学で行われた国際安全保障学会で、911テロ事件の時に国連大使だった佐藤行雄氏に『楯の論理』を謹呈したところ、佐藤氏は絶賛してくださった。翌2014年6月、私はニューヨークに赴き、佐藤氏からのご紹介で、国連代表部などを取材した。前記のような健康上の理由等で、初めての外遊に近かった。

　その時は1週間程の短期集中取材だったが、それで私の人生観は変わった。どうしても米国東海岸にも拠点を設けて、英語も含めて一から勉強し直したくなった。

　そして中村忠彦氏と、縁あって事務所シェアをすることとなった。

　沖縄返還交渉等で多忙だった駐米日本大使館にアルバイト留学生として現地採用された中村氏は、若き日の岡崎久彦氏の事実上の部下として活躍した。（これは私が複数回に亘って生前の岡崎久彦氏に確認している）その後、独立しワシントンに日米関係コンサルタントの事務所を構えられた。日米経済摩擦の激しかった1980年代には、多くの日本の有力企業がクライアントだったという。

　だが、諸般の事情により彼が長年発行して来た米国政治に関するレポートの購読者が減少し、立て直しを考えていた時、中村氏と私は出会った。英語力が十分とは言えない私を中村氏が雇って下さったのは、日米の政治に関する知識と人脈そして情熱を理解してくだ

おわりに

さったのだと思う。英語力の問題もさることながら、進歩的リベラリストであった中村氏と、三島由紀夫の影響を受けた保守主義者の私との間には、政治観等における違いも大きかった。

だが私と異なり、彼と政治信条を同じくする（例えば沖縄米軍基地反対運動家等）人と事務所をシェアするという話があっても、暫く様子を見た後、人間的に信頼できないとして中村氏は、距離を置かれた。一方、約8年にわたる付き合いを経て、中村氏と私との間には、父と息子のような信頼関係が生まれた。

トランプ氏が急激に台頭してきた頃、中村氏は逝去された。そのため、米国政治に関する文章を執筆する上で参考にしていた、彼のレポートも手に入らなくなった。それだけでなく既存の米国政治専門家の意見や分析が、トランプ氏登場後は全く信用できなくなった。

そこで私はアシスタントや翻訳ソフトの力を借りて、自ら英語情報を収集し、トランプ政権に関し独自の見地に立って分析を始めた。それが本書のもととなった一連のレポートである。

これらのレポートは英語情報からの引用が多いが、これは中村氏のレポートの書き方を部分的に踏襲している。中村氏は私が英語の勉強もし直して同様の文章を執筆し、彼のレポートの作成も手伝ってくれることを望んでいた。それを彼の生前に実現できなかったことは、本当に心残りである。だが、私が政治を分析する際の、既存の専門家とは異なる構想力などを、中村氏は評価してくれていた。それは先に述べたような経緯による"耳学問"で培われたものと思う。

そこでトランプ氏が擡頭し大統領に当選した後も、既存の米国政治専門家の研究発表等を、全く聞かなくなった訳ではない。本書の中には、それに触発されて書かれ、それゆえ英語情報の引用ができなかった文章もある。だが、そのような文章にこそ、既存の米国政治専門家と異なる私独自の分析や理解が含まれていると思う。

そういう意味で、既存の米国政治専門家が近代西洋医学の医師だとすると、本書は西洋医学の治療の効かなかった病いに対する、東

洋医学による治療の試みと言えるかもしれない。

　また英語力が弱くとも、一定の条件と情熱があれば、米国政治に関して、これくらいの本が書ける。人生に何らかの行き詰まりを感じている人々に、本書が勇気を与えるものとなれば光栄である。

　思えば中村氏は常に、そのような"弱者目線"を忘れない人だった。そうした"弱者目線"に助けられた私は、正反対の考え方をしているかもしれない。だが、本書の出版を見た中村氏は、自分の好意が実ったと、天国で喜んでいるかと思う。

　本書は、謹んで中村忠彦氏に捧げる書としたい。

　また、本書は以上のような成立事情から、トランプ政権が誕生して以来、事件のある都度に書起こした文章を、一冊の形にしたものである。そのため分かりやすさを考えて、各文章の末尾に起筆日を明記した。(但し起筆日以降に追加した文章も多いので、起筆日以降の記事等が引用されている場合もある) また各文章の一部は、『世界日報』(世界日報社)と『世界経済評論』(一般財団法人国際貿易研究所)の電子版(それぞれ「View Point」と「Impact」)に掲載して頂いたものもある。各媒体の関係者に感謝の意を表したい。

　そして、既往の関係から防災やテロ対策と殆ど関係のない本書を出版して下さった近代消防社の三井栄志社長にも、心より感謝を申し上げたい。もちろん、北朝鮮や中国を巡る戦争の危機は大規模災害の危険性という側面もあり、同社から出版して頂いた東日本大震災に関する拙著にも関連する。また、本書において多くのページを割いた移民問題は、テロ問題と深く関わる。同社から出版して頂いた"テロ対策3部作"も手に取って頂ければ、心から有難く思う。

平成最後の年の節分の日

吉川　圭一

《著者紹介》
吉川 圭一（よしかわ　けいいち）

　亜細亜大学国際関係学科を経て筑波大学大学院で経済学修士を取得。参議院議員公設秘書、国際問題評論家ペマ・ギャルポ氏事務所特別秘書等を経て2002年独立。GLOBAL ISSUES INSTITUTE 代表取締役。2011年4月から2016年末まで一般社団法人日本安全保障・危機管理学会（ＪＳＳＣ）ワシントン事務所長兼任。講演歴多数。

〔著書〕『サイコ型テロへの処方箋』（近代消防社、2018年刊）、『2020年東京オリンピック・パラリンピックはテロ対策のレガシーになるか？』（近代消防社、2018年刊）『日本はテロを阻止できるか？』（近代消防社、2016年刊）、『３１１以降――日米は防災で協力できるか？』（近代消防社、2015年刊）、『９１１から３１１へ――日本版国土安全保障省設立の提言―』（近代消防社、2013年刊）、『楯の論理』（展転社、2002年刊）

〔連絡先〕ＵＲＬ　http://www.g-i-i.net/

救世主トランプ
――"世界の終末"は起こるか？

著　者　吉川　圭一（よしかわ　けいいち）
2019年3月28日　第1刷発行
発行所　近代消防社
発行者　三井　栄志

〒105-0001　東京都港区虎ノ門2丁目9番16号
（日本消防会館内）
読者係　（03）3593-1401㈹
http://www.ff-inc.co.jp
© Keiichi Yoshikawa 2019、Printed in Japan
乱丁・落丁本は、ご面倒ですが
小社宛お送りください。
送料小社負担にてお取替えいたします。
ISBN978-4-421-00926-2　C0030
価格はカバーに表示してあります。

近代消防社 刊行の吉川圭一の著作

９１１から３１１へ
－日本版国土安全保障省設立の提言－

■吉川　圭一 著　四六判／280ページ
　定価 1,700 円＋税

　米国の国土安全保障省や連邦緊急事態管理庁の関係者、トモダチ作戦最高司令官そして日本の内閣官房、内閣府、消防庁、自治体等、膨大な証言に基づく、東日本大震災を教訓とした政策提言書の決定版！

３１１以降――
日米は防災で協力できるか？

■吉川　圭一 著　新書判／148ページ
　定価 800 円＋税

　前著の出版から約２年。その後の日米双方における調査に基づいて前著の中心テーマの一つでもあった日米防災協力に関して、３１１以降の進展を踏まえつつ、これからの日米防災協力と日本の危機管理体制の在るべき姿に関し、新たに世に問う。

吉川圭一の"テロ対策３部作"

日本はテロを阻止できるか？

■吉川　圭一 著　新書判／240ページ
　定価 1,100 円＋税

　膨大な公開・非公開の情報や日米双方のＮＳＣ等への取材成果も踏まえ、特に米国と日本のテロ対策の違いに関して解説し、さらに東京マラソンや伊勢・志摩サミットの警備への取材成果も加味した、東京２０２０大会のテロ対策についての改善策の提言書。

2020年東京オリンピック・パラリンピックはテロ対策のレガシーになるか？

■吉川　圭一 著　新書判／192ページ
　定価 1,000 円＋税

　前著に引き続き、東京２０２０大会のテロ対策が、どれくらい進んでいるか？　それがテロ対策に関しては欧米等に対して後発国の日本において、どれくらいレガシーになるか？　テロ対策の問題点を指摘し、その改善案と今後に関して提言する。

サイコ型テロへの処方箋

■吉川　圭一 著　新書判／140ページ
　定価 900 円＋税

　相模原市や座間市で起きた大量殺傷事件等も、テロと同じ側面を持つ現象として考えるべきではないか？　そのような見地に立つ時、新しい事前防止策が見えて来るのではないか？　警察、通信事業者、精神病理学専門家等の意見を踏まえ、"テロ問題"に関する新しい処方箋を提案する。